名作里的传统文化

◆ 主编

唐笑

王轶青

张敢

电子工业出版社

Publishing House of Electronics Industry

北京 · BEIJING

图书在版编目（CIP）数据

名作里的传统文化 / 唐笑，王轶青，张敢主编 . —北京：电子工业出版社，2023.11

ISBN 978-7-121-46613-7

Ⅰ . ①名… Ⅱ . ①唐… ②王… ③张… Ⅲ . ①阅读课 – 中学 – 教学参考资料 Ⅳ . ① G634.333

中国国家版本馆 CIP 数据核字（2023）第 204341 号

责任编辑：孙清先　　　文字编辑：常魏巍　赵　岚

印　　　刷：北京宝隆世纪印刷有限公司

装　　　订：北京宝隆世纪印刷有限公司

出版发行：电子工业出版社

　　　　　北京市海淀区万寿路 173 信箱　邮编　100036

开　　本：720×1 000　1/16　印张：12.75　字数：306 千字

版　　次：2023 年 11 月第 1 版

印　　次：2023 年 11 月第 1 次印刷

定　　价：65.00 元

凡所购买电子工业出版社图书有缺损问题，请向购买书店调换。若书店售缺，请与本社发行部联系，联系及邮购电话：（010）88254888，88258888。

质量投诉请发邮件至 zlts@phei.com.cn，盗版侵权举报请发邮件至 dbqq@phei.com.cn。

本书咨询联系方式：（010）88254506，changww@phei.com.cn。

序　言

　　毛姆曾说，培养阅读的习惯就是为你构建一座"避难所"，让你得以逃离人世间几乎所有痛苦与不幸。当观者打开这本书的时候，会看到那些为我们所仰望的艺术大师用绘画、书法和篆刻为其在人世间构筑了一座"怡然的避难所"。

　　大多数人的审美活动是从童年的美术课开始的。课本里的名作庄严、完美、凛然，但这些名作经过了教学标准化的过滤与分析，似乎缺少了点我们最想要的平凡的感动。不同心境和时空中的观者不会想要一样的触动，正如不同的作者根据迥然不同的人生才能绘制生活的饱满、多义、神秘、奇妙，名作才会有原本朴素的美轮美奂。"名作里的传统文化"是由观者自主构建的，是从生命本体的欲求出发，是与个人的内心情感、人生体验相结合的。名作邀请观者去邂逅千年前洛水的仙女，抑或神会王羲之临池戏墨，在名作里找寻自己内心的声音，借助名作里的图像或文字抵达自己向往又不可及的世界，"审美"就是用来倾听我们内心的回声，慰藉我们的情感，安顿我们琐碎生活中盲从的心。

　　本书的作者皆是坚守三尺讲台的师者，同是名作的阅读者，他们对祖先留下的图像和文字饱含的文化亲情是中华文明赐予的。每一件名作都是时代文脉中璀璨的明珠，饱含作者多年从事中国传统文化传播工作厚积的翰墨深情，带观者走进中华民族文化光阴中拾珍。尽管本书收录的只是一小部分珍宝，但仍会为观者带来吉光片羽。

　　世界上没有什么比文字与图像更能传递文化与文明，个体生命的学习亦是从图像和文字起始，图像识读是人文之学，更是生命之美学。走近名作，感受艺术创作的切磋琢磨，在名作中发现中国传统文化的智慧灵光。

　　没有人可以因一本书或是他人的只言片语读懂名作，但是名作里的中国传统文化会为观者读懂它而推开一扇门。

癸卯年夏至　唐笑

博古丹青
妙笔通今

翰墨千秋
知白守黑

上篇

博古丹青
妙笔通今

壹 《洛神赋图》

翩若惊鸿的仙女

赋本无何有图藏老印宣传
神惟梦而揽状美驾鸿子建
文中俊长原画裹雄二难今
这美把岑拂灵凤
乾隆辛酉小春小春御题

《洛神赋图》卷轴

东晋 / 顾恺之 / 宋代摹本

绢本设色，全卷横 572.8 厘米，纵 27.1 厘米

现藏于北京故宫博物院

洛神赋图

《洛神赋图》六朝士人的审美格调

名家简介

  顾恺之生活在公元 348—409 年的东晋晋陵，晋陵是现今江苏常州、无锡一带。魏晋时期，士人阶层重视艺术修养，顾恺之能书善画，才艺非凡，闻名遐迩，为士人阶层所推崇。他善辞赋、书法，精于绘画，尤善"以形写神"的人物画和神仙题材，人物画以"传神"著称，所画禽鸟灵兽，仿若天上宫阙的灵宠、仙山灵物。

  顾恺之在绘画方面有杰出的成就，为后世留下了巨大的文化财富，代表作有《洛神赋图》《女史箴图》《列女仁智图》等。其中，《女史箴图》，向世界传递了早期中国人物画的叙事风貌。顾恺之著有《魏晋胜流画赞》《论画》《画云台山记》等画论，在此之前关于中国画的画评与画论并无系统完整的论述，因此，顾恺之的画论成为古画评论之祖。顾恺之作画重"以形写神""迁想妙得"，其"传神论"为中国传统绘画的发展

艺术史实
YISHU SHISHI

名作里的传统文化

奠定了基础，为后世人物画和山水画的创作提供了重要的图像史料和理论依据。人们称他为"画绝""文绝"和"痴绝"，他在文艺方面的成就使他位列"六朝四大家"之一，为后世所赞誉。

《洛神赋》图像上的文本作者是曹植，字子建，生于公元192年，卒于公元232年。魏文帝曹丕似是忌惮曹植的才华，又或是对曹操爱重曹植深怀怨怼，曹丕称帝后，数次改变曹植的封地，致使曹植后半生漂泊在外，困守于封地，政治梦想破裂，内心孤苦。

曹植自幼才华过人，文章辞赋立笔可得。他辞藻华丽的辞赋有别于父兄的文学风格，非凡的文采在六朝时期备受文人士大夫推崇，因此他被赞为"仙才"。南朝的谢灵运恃才傲物，天下人的才华都不能入他的眼，但他折服于曹植卓越的文采，并由衷地感叹："天下才有一石，曹子建独占八斗，我得一斗，自古及今共分一斗。"曹植的代表作除久负盛名的《洛神赋》外，还有《白马篇》《七步诗》等。

艺术识读
YISHU SHIDU

图像识读

长卷游丝，碧波逐浪。

魏晋时期是门阀世家大族独领社会审美风尚的时代，士人阶层超然的精神追求成为这个时代文艺的主流。当时拥有优越物质生活的门阀世家子弟，在战乱迭起的社会生活中仍能受到良好的教育，并以自身的文化艺术修养标榜超凡脱俗的审美人生。超然的精神追求具体表现为琴、棋、书、画的修身理想。

《洛神赋》慰藉了士人阶层对歌赋音律近乎痴迷的审美追求，修辞工整对称，对偶排比华丽，文中双声叠音词和叠韵词的运用构成了辞赋特有的音乐韵律之美。《洛神赋》的文艺特征被顾恺之转化为具象的绘画艺术形式，《洛神赋图》作为视觉审美载体，满足了魏晋士人的精神追求，被士人阶层争相追捧。

《洛神赋图》忠于辞赋文本，顾恺之用画笔描绘了黄初三年曹植赴洛阳朝觐魏文帝曹丕后，落寞地返回封地，黄昏途经洛水时"车殆马烦"，曹植在烟波氤氲的洛水之滨邂逅"翩若惊鸿"的洛水女神的场景。顾恺之通过连续不断的构图布局，表现辞赋中曹植和"仙女"的爱情故事。画中的人物群组在邂逅、定情、情变、分离、怅归五个故事情节构成的空间中穿梭，每个画面空间以山水、灵兽、奇花异木间隔，遥相呼应。

布局起伏交叠，辞赋乐感复沓，六朝的华丽文风长卷尽收。

《洛神赋图》的构图随辞赋的故事情节展开，人物与山水配景被定格在纵深 27.1 厘米的空间中，似乎狭窄的画幅难以容纳"人与神"起伏波折的凄美爱情。572.8 厘米的长卷构图还原出文本中每一个缥缈的诗意细节。

中国古代绘画的长卷又称"手卷"，打开时从卷右至卷左，观画所及的画幅长度在双手展臂的 1 米空间中，观画者双手配合一卷一放，方可完成近乎私密的图像观看享受。想象一下，长卷上缥缈的烟波随手卷的卷收卷放，时隐时现，人物群组或前或后，"洛神"掩映在奇花异木之间，人物、景物在画幅高低不同的位置交叠错落，形成了视觉上的线性起伏变化。人物和景物的刻画皆使用高古游丝描，线条柔和多变，行笔如流云，平添"洛神"姿态的曼妙优雅，流动的线条贯穿全卷的爱恋忧思。

审美感知

如何用画笔塑造"飘忽若神，凌波微步……"的绝世美女呢？辞藻的

华丽怎样化为视觉的审美享受呢？

辞赋中表达对洛水女神的倾慕有这样一段描写："其形也，翩若惊鸿，婉若游龙。荣曜秋菊，华茂春松。髣髴兮若轻云之蔽月，飘飖兮若流风之回雪。远而望之，皎若太阳升朝霞；迫而察之，灼若芙蕖出渌波。秾纤得衷，修短合度。肩若削成，腰如约素。延颈秀项，皓质呈露。芳泽无加，铅华弗御。云髻峨峨，修眉联娟。丹唇外朗，皓齿内鲜，明眸善睐，靥辅承权。瑰姿艳逸，仪静体闲。柔情绰态，媚于语言。奇服旷世，骨像应图。披罗衣之璀粲兮，珥瑶碧之华琚。戴金翠之首饰，缀明珠以耀躯。践远游之文履，曳雾绡之轻裾。微幽兰之芳蔼兮，步踟蹰于山隅。"

顾恺之把"洛神"的文学姿容化生为八个美丽的图像："惊鸿""游龙""秋菊""春松""轻云蔽月""流风回雪""太阳升朝霞""芙蕖出渌波"。顾恺之采用"体物言志""托物寄情"，以造型拟喻、类比的手法，将这八种美丽的图像错落布置在长卷的第二段。容色美仪是魏晋美学风貌的重要构成，当时的人认为可以通过一个人的外表容貌窥察其内心的才情、真性，即瞻形得容、神形皆美。中国画"形神兼备"的绘画手段，在《洛神赋图》中并没有表现为对人物形态样貌的精致刻画，而是效法诗歌"比""兴"的艺术手法，描绘了八种象征"洛神"姿容的自然景物。观者视点移动回旋于具有拟喻意义的"惊鸿""游龙""春松"等图像之间：画卷右上的"太阳升朝霞"、画卷中下的"芙蕖出渌波"、画卷左下的"华茂春松"……极尽可能地动态布局，"应物象形"，表现奇绝妙想的"洛神"，顾恺之的"传神论"通过洋洋清绮线条、起伏波动的构图、薄厚的敷色具体表达出"形神兼备"的"洛神"。

闪烁着莹莹微光的"洛神"是使用中国画的矿物颜料"蛤粉"而画的，蛤粉是深海中的白色贝壳，经过研磨和多次水飞而成白色细粉，散发珍珠光泽的蛤粉几乎全用在"洛神"的形象塑造上。"随类赋彩"的设色，用具有物质重量的白色蛤粉来表现"洛神"的超凡脱俗，这种视觉的轻盈感与物质的重量感形成了中国画特有的质感节奏。

与"洛神"玄幻飘逸的神格化形象相比，曹植的形象则呈现出人格化的呆板，他穿着藩王等级的服饰，宽袍大袖，头戴"梁冠"，内穿"曲领"长衣，脚上穿着"笏头履"，长袍下端还可以看到隐现的"高鼻履"，曹植的服饰与后世对魏晋时期服饰研究相一致。画面中的曹植随侍簇拥，居中而立。他身边的侍者几乎都戴着黑纱"笼冠"，如此的装束与魏晋时期的宫廷侍者相符，但黑纱"笼冠"明显对某种世俗带有无奈的象征意义，再次反衬出"洛神"的超然。多层次、多角度的造型对比手段不断增强《洛神赋图》形神兼备的审美特征。

艺术拓展

《洛神赋》是"政治讽喻"的浪漫表达？

黄初三年的四月，31 岁的曹植被封为鄄城王。受封后曹植随即回封地，在途中，他写下了著名的《洛神赋》，此赋最初命名为《鄄城赋》。诗人曹植以第一人称的手法描写了与"洛神"的爱情。比起政治讽喻，后世更愿意相信这是"一段人神殊途的凄美爱情故事"。

曹植生于天下异主的乱世，他长在曹操征战沙场的军中，常见将士浴血，饿殍遍野，乱世激发了他兼济天下的男儿壮志。他在《与杨德祖书》中写道"戮力上国，流惠下民，建永世之业，流金石之功"，他表示绝不"以翰墨为勋绩，以辞赋为君子"，生命的后半程他在忧虑中度过，害怕"生无益于事，死无损于数"。

后世也有许多学者和文艺爱好者把此赋看成政治讽喻，赋中的"洛神"或指曹植自己，或指曹植的政治抱负，把"洛神"作为美好理想的象征，寄托了自己对美好理想的倾心仰慕和热爱。《洛神赋》中虚构了曹植向"洛神"求爱的故事，象征了曹植对理想不辍的热烈追求；最后描写恋爱失败，以此表现他对理想的追求归于破灭。

同是魏晋时期世家大族出身的顾恺之是否也有"济世"的人生梦想和政治抱负呢？

六朝是历史上铁骑混乱的时代，全国人口不过千万人，最少的时候仅剩六百万人。从军、从政、屹立于朝堂、匡扶天下，才是铮铮男儿的政治抱负。梦想如超然的"洛神"，现实是残酷的利刃，词采风扬不能成为建功立业的本钱，却能激发士人阶层美学理想的矛盾思辨。

六朝时期涌现了一大批文艺才俊，顾恺之、张僧繇、陆探微、曹不兴、王羲之、王献之、谢灵运、陶渊明、陆机、嵇康、阮籍等，那个时代的《兰亭序》《平复帖》《桃花源记》《梁祝》诗意风发，音韵斐然，试问："文艺修身"的世族公子哪有"实力"实现政治梦想？想来总是"爱而不得"的伤情。

六朝，天下大乱，战事迭起，难以想象这样的社会现实养就了六朝的文人风骨。同为世家大族出身的顾恺之饱含深情地描画了《洛神赋图》，是否也隐喻了他的梦想？

参考文献

[1] 俞剑华.中国历代画论大观 第一编 先秦至五代画论 [M].南京：江苏凤凰美术出版社，2015.

[2] 廖群，仪平策.中国审美文化史 先秦卷 [M].济南：山东画报出版社，2007.

画外有乾坤
HUAWAI YOUQIANKUN

赏画读诗

壹
——
《洛神赋图》
翩若惊鸿的仙女

《洛神赋》（节选）

作者：曹 植

于是屏翳收风，川后静波。冯夷鸣鼓，女娲清歌。腾文鱼以警乘，鸣玉銮以偕逝。六龙俨其齐首，载云车之容裔。鲸鲵踊而夹毂，水禽翔而为卫。于是越北沚，过南冈，纡素领，回清扬。动朱唇以徐言，陈交接之大纲。恨人神之道殊兮，怨盛年之莫当。抗罗袂以掩涕兮，泪流襟之浪浪。悼良会之永绝兮，哀一逝而异乡。无微情以效爱兮，献江南之明珰。虽潜处于太阴，长寄心于君王。忽不悟其所舍，怅神宵而蔽光。

【赏析】

《洛神赋》是三国时期曹魏文学家曹植的杰出作品。作者以浪漫主义的手法，通过梦幻的境界，既写出了洛神的旷世之美及与洛神的相互爱悦；又传达了人神之间因人神道殊而不得不以礼自持，导致了爱而不能终相厮守的遗憾与怅惘，并且透露了他想借助人神之恋来宣泄自己内心的苦闷，获得精神慰藉和情感补偿的愿望。有关这部作品的主旨，历代有"感甄说""寄心君王说""理想幻灭说""哀愁说""政治失落的遣怀说"及"怀念亡妻说"等。节选段落写出洛神来临扈从之多，终以人神道殊，含恨离去，以及洛神离去后作者顾望思慕不忍离去的深情。

参考文献

王琴，杨晓斌. 曹植《洛神赋》主题平议 [J]. 丝绸之路，2013（18）：53-55，56.

文史
链接

"洋洋清绮"个体生命体验的文学

文学，作为一种用语言来表达生命体验的艺术，对生存现实的反应是敏感而准确的。正因如此，它成为我们走近魏晋审美文化的一个最先的切入点。对这一时代的文学，郑振铎在《插图本中国文学史》中描述为"高迈"

和"清隽"。显然，这是两种不同的文学审美形态。"高迈"，大抵是高远、豪迈、慷慨、壮丽之意；"清隽"则大约与清雅、超群、细婉、隽秀相联系，也可以简单地说，一个指壮丽，一个指秀美。从魏晋的文学形态来看，有一个从高迈向清隽，从壮丽向秀美逐步演变的过程。所以建安曹丕的辞赋被鲁迅说成"华丽之外，加上壮大"（《魏晋风度及文章与药及酒之关系》），而西晋陆机的诗文则被沈德潜说成"矫健之气不复存矣"（《古诗源》）。这两种文学审美形态，也常常表现在单个作家身上，如曹丕的诗文除壮丽外，也有秀美的一面，所以刘勰说"魏文之才，洋洋清绮"（《文心雕龙·才略》）。"洋洋"，指盛大、壮丽之貌，"清绮"则指细婉、秀美之态。这两种审美形态并存说明了两点：一是这时期的审美文化呈一种过渡状态、双重形态，表现出历史转折阶段的典型特征；二是这种文学审美形态的双重性、过渡性，这正是"自我超越"这一具有丰富内蕴的时代主题在魏晋逐步展开的曲折反映。

【注】以上文字节选《中国审美文化史》先秦卷 338 页。

素养实践

扫二维码，看真题链接＋答案

名作鉴赏

MINGZUO
JIANSHANG

贰　《步辇图》

寻找远嫁吐蕃的公主

《步辇图》
唐代 / 阎立本
绢本重彩设色，全卷横 129.6 厘米，纵 38.5 厘米
现藏于北京故宫博物院

艺术史实
YISHU SHISHI

步辇图

《步辇图》讲了什么故事？

名家简介

　　《步辇图》是唐代画家阎立本所作，阎立本是雍州人（今陕西临潼一代）。阎氏家族世代高官，阎立本自小受到良好的教育，喜好丹青，擅长工程营建，曾任工部侍郎，颇受赞誉的昭陵六骏就出自他的设计，而昭陵的设计方案则是阎立本和阎立德兄弟二人共同参与的。

　　年轻有为的阎立本与唐太宗的关系十分亲近。在唐太宗还是秦王李世民时，阎立本曾任秦王府库直一职，库直是随侍的亲信，需要才华出众的名门贵族的子弟担任。唐太宗继位后贞观年间，阎立本还曾任职主爵郎中、刑部侍郎等重要职务，他因才华卓著，在仕途上一度官居右丞相。试想，唯有随侍唐太宗身侧的近臣才能有机会见证吐蕃使者禄东赞替松赞干布求娶大唐公主的过程，若不是他擅长丹青，我们恐难见到"求娶公主"的历史瞬间。

阎立本所作《步辇图》，全卷横长 129.6 厘米，纵宽 38.5 厘米，绢本重彩设色，现藏于北京故宫博物院。民间对此画的赞美之辞数不胜数，也有学者怀疑现在我们看到的《步辇图》并非阎立本的真迹，疑是宋代的摹本。不过相比它的真伪，我们更关心《步辇图》讲了什么故事，图中哪一位是吐蕃的求婚使者，使者怎样帮助松赞干布求娶到文成公主，文成公主美不美等百姓之问。

艺术识读
YISHU SHIDU

图像识读

《步辇图》为什么用弱不禁风的小宫女抬着步辇？

这个问题一直困扰着很多观者，画面左侧是三个恭敬直立的男子，右侧为六个小宫女抬着唐太宗，两宫女掌扇，一宫女持举华盖，也许是因为唐太宗太重了，九名宫女如众星拱月一般簇拥在他的周围。

《步辇图》的构图布局也时常让人感到不解，画面左右侧的人物是三比九，人数明显不对称，但在视觉感受上却没有失衡之感，也许是因为右侧弱不禁风的小宫女与左侧三位高大的男子在体量对比上产生了视觉心理的均衡感。

唐太宗是画的中心，他看起来要比身边的宫女大两圈，端坐在小宫女抬的"辇"之上。"辇"是帝王诸侯专有的出行工具，这类出行工具是以人力成本来凸显皇家尊贵的。纵观中国古代绘画里的"辇"，皆是男子抬着皇帝，相比之下，此画中太宗皇帝的"辇"实在是稀罕，《步辇图》用一种贵气逼人的出行工具为画作命名，用"假意失衡"的构图吸引观者的注目，怎能不让我们深思呢？

如果能穿越到唐朝，我们就能向阎立本求证一下关于《步辇图》构图的种种猜测，现有的史料无法探寻选用弱不禁风的小宫女抬步辇的究竟。千年后的观赏者甚是关心小宫女能否抬得动又胖又重的唐太宗，但即便当时唐朝宫廷可以由小宫女抬步辇，抑或宫女的体态比画中的宫女健硕，阎立本也会在画中描绘成弱不禁风的宫女。因为中国古代的人物画用身高和体量区别人物的身份和地位，这也正是中国古代绘画对人物身份程式化的特殊描绘。

公元 641 年，吐蕃赞普松赞干布派使臣第三次来到长安城求娶大唐公主，《步辇图》忠实地记录了唐太宗接见吐蕃使臣禄东赞的情景。使我们不解的是，画中左侧三人的布局并不遵循中国画高低错落的构图原则，而是从高到低依次"排队"。一袭红袍者为大唐典礼官，引人注目，人物造型和设色所形成的气场明显笼罩了身后的禄东赞。

我们可以大胆设想，作为新闻纪录片的超级图像记录员，阎立本深知唐太宗原不想公主远嫁，所以故意把禄东赞画得"不起眼"，毕竟唐太宗为敷衍"求亲"之事曾"五难婚使"，给求婚使者"册封官职""给求婚使者许亲"，如此这般的一系列操作都未能阻止禄东赞在众多求婚使者中全胜而出。即便禄东赞身姿伟岸，阎立本也会依照中国人物画的程式化，把"求婚使者"画得矮于大唐的典礼官，《步辇图》左侧画面呈现出与现代绘画迥然不同的构图布局。

审美感知

浓郁纯净的色彩尽显唐朝的大气端方。

展开绢本《步辇图》后，首先映入眼帘的是具有视觉冲击力的红色官袍和小宫女红白相间的裙裾，只有禄东赞红色的袍角让我们的视线有些许的停留，但丝绸的审美价值还远不及此。

仔细观察画面的细节我们不难发现，绢本画面中清晰的丝质经纬纹理，尽管唐代早期已有造纸，但这样重要的"宫廷图像档案"当然要选择绢、帛等高档的丝织物作为绘画媒材，也只有绢丝才能承接朱砂、石绿、蛤粉等有重量、有质感的矿物质颜色，相对于现代绘画追求笔触、颜料、肌理、质感、空间等，中国古人更重视随类赋彩的"永固"之色能否在历史的时空中保持不变。

《步辇图》是工笔重彩人物画，色彩浓郁纯净是其标志性特点。以典礼官的红袍和小宫女的裙裾用朱砂色为例，朱砂经过数次研磨水飞而成细小的颗粒，阅鹿胶，阅水后在画面上多次赋染，矿物质颜色的填染深深浸入绢丝的纹理之中，晕染充分且贴切，使人物服饰色彩层次丰富，后世几经揭裱，画面仍明艳悦目。矿物质颜色既鲜艳又稳固，形成了中国重彩画种的标志性特点。重彩的高妙在于薄中取厚，也就是淡淡朱砂颜色多次赋染获得匀净的重彩色块，典礼官的红袍和小宫女裙裾的红色经久不褪。多个造型不等的红色块与屏风扇上的石青色，互为对比，彼此呼应，充满了富丽堂皇的视觉感染力。

重彩人物画传达出形神兼备的稳重端方来自草色与矿物质颜色"薄"与"厚"的设色，"三矾九染"的重彩画技唯有如蝉翼般轻薄又坚韧的绢丝方能承载，如此珍贵悦目的颜色和美妙有趣的故事穿越千年等待发现美、欣赏美的观者。

艺术拓展

寻找远嫁吐蕃的公主。

在坊间关于公主的话题是老百姓最喜闻乐见的，我们很想在传世的名作中见见文成公主的真容，思考她是怎样一个雍容风姿的公主，竟能让松赞干布三次派遣肱骨大臣携贵重礼物虔诚求娶。

《步辇图》画卷中"许嫁和亲"的文成公主并没有出镜，传世的古画中也未见文成公主的身影，藏地大昭寺中有文成公主结跏趺坐像，宛如菩萨。大昭寺内还有近千米的藏式壁画《文成公主进藏图》和《大昭寺修建图》，文成公主为藏族人民带去了农耕、纺织、造纸、酿酒、茶叶、医药、典籍、经卷、技术工匠等当时最先进的文化和发展社会经济生活的先进技术，从古物遗存中可见真实的文成公主入藏后在文化、经济等领域为藏族人民创造的福祉。

文成公主入藏40年，到了人生的尽头也未能回到大唐。文成公主之后还有金成公主入藏30年，也未归大唐，两位和亲公主入藏换来了大唐和吐蕃200年无战事，平安、稳定、和谐的社会秩序，促进了汉藏之地人民的生产生活、政治、经济、文化等多领域的交流交融，共同繁荣发展。

画外有乾坤
HUAWAI YOUQIANKUN

赏画读诗

《和蕃》
作者：戎昱

> 汉家青史上，计拙是和亲。
> 社稷依明主，安危托妇人。
> 岂能将玉貌，便拟静胡尘。
> 地下千年骨，谁为辅佐臣。

【赏析】

中唐诗人戎昱这首《和蕃》，题又作《咏史》，是一首借古讽今的政治讽喻诗。唐代从安史之乱后，朝政紊乱，国力削弱，藩镇割据，边患十分严重；朝廷一味求和，使边境各族人民备罹祸害。所以诗人对朝廷执行屈辱的和亲政策，痛心疾首。首联开门见山，直接说和亲乃是唐历史上最为拙劣的政策。颔联指出把国家的安危托付给妇女。颈联更鞭辟入里，透彻揭露和亲的实质就是妄图用女色乞取国家的安全。尾联以历史的名义提出责问，使诗意更为严谨深广，更加发人思索。此诗揭露出作者对和亲政策的不满，愤激指责朝廷执政，主旨却在提示皇帝做出英明决策和任用贤臣。

文史链接

【 丝绸之路 】

丝绸之路起始于古代中国，是连接亚洲、非洲和欧洲的古代商业贸易路线，是东西方文化交汇的桥梁。19 世纪 70 年代，德国地理学家费迪南·冯·李希霍芬将源于西汉都城长安（东汉延伸至洛阳），直达西方的这条东西大道誉为"丝绸之路"。虽叫"丝绸之路"，但在这条贸易之路上交易的货物远不止丝绸，还有其他种类的货物。后来，史学家把沟通中西方的商路统称为"丝绸之路"，其上下跨越历史 2000 多年，按线路不同分为陆上丝路与海上丝路。陆上丝路因地理走向不一，又分为北方丝路与南方丝路。陆上丝路所经地区的地理景观差异很大，所以人们又把它细分为草原森林丝路、高山峡谷丝路和沙漠绿洲丝路。

2014 年在卡塔尔多哈举办的第 38 届世界遗产大会宣布，中、哈、吉三国联合申报的"丝绸之路：长安—天山廊道的路网"成功被列为世界文化遗产，成为首例跨国合作、成功申遗的项目。

素养实践

扫二维码，看真题链接＋答案

叁 《五牛图》

兴托春犁话农耕

《五牛图》

唐代 / 韩滉

黄麻纸本，横 139.8 厘米，纵 20.8 厘米

现藏于北京故宫博物院

艺术史实
YISHU
SHISHI

五牛图

画中的牛姿态各异，它们在做什么？韩滉想表达什么？

名家简介

　　韩滉（723—787），字太冲，长安人，出生于官宦世家。其父韩休中过进士，是一位为官清正的文人，是唐玄宗时期的宰相。韩滉受到父亲的启蒙，入朝为官，早年参加过平定藩镇叛乱的战争，立下战功。韩滉有着浓厚的儒家思想道德观念，曾为父亲和母亲离职守丧。在安史之乱中，他被安禄山俘虏，拒不投降，和兄弟一起逃出后追寻唐玄宗李隆基。经历了战乱之后的韩滉更加感受到太平与农耕的关系。

　　韩滉为地方官时，曾做了不少有益农事发展的工作，常常深入农村，与农家探讨积肥施肥、治水养鱼、扶持养牛等。他不仅是一位出色的朝廷官员，还是一位画家，以擅画人物、畜兽闻名。《五牛图》是其唯一的传世之作，元赵孟頫赞其为"神气磊落，稀世名笔"。

图像识读

《五牛图》中牛的姿态各异，你眼中的它们有着怎样的情感和故事呢？

牛，自古以来就是人们描绘和歌颂的题材。在古人心目中，牛有神性，为五牲之首。进入农耕社会，"重农抑商""均田制"等系列农业措施的推广，促进了农业空前发展，牛变成人类最重要的朋友和生产劳动的得力助手。韩滉从事财税管理，在从政生涯中，他十分重视农业发展，因此借《五牛图》表达了重农、重耕、重社稷的基本思想。

韩滉对牛的结构骨骼有着深入的了解，这与他重视农耕的思想密不可分。画中的五头牛从右至左一字排开，各具状貌，姿态互异。一俯首吃草荆棵蹭痒，一翘首前仰缓步前行，一面对观者张嘴长鸣，一回首舐舌呼唤同伴，一戴落首而立。整幅画几乎没有背景衬托，只在右侧画面有一小树枝，因而五头牛既可以形成有联系的画面，又可以独立成章。

细致观察就能发现，这五头牛的品种属于秦川牛，它们产于渭河流域一带。韩滉是长安人，画的是身边熟悉的事物。他重视农业生产，爱护耕牛，经过长期细致入微的观察，把牛的形象、动作、神态、刻画得活灵活现，栩栩如生。

此图运用了两种构图方式：一是水平式构图。从右到左，五头牛依次排列，没有背景衬托，将牛的憨态可掬描绘得惟妙惟肖。二是对称式构图。

中间一头牛面对观众，左右各两头牛以侧面形象分布两边，给人以稳定的视觉感受。

秉素托真

观看方式：由右向左

　　循着中国卷轴画从右到左的观赏习惯展开，五头牛列为一行，似乎缓步行走于田垄之上。《五牛图》最为精彩之处在于对牛神情的表现。

❋

真好吃
哈哈

　　右边的第一头牛，把路旁一丛小草咬了一口，正咀嚼得津津有味，它侧低着头得意地瞅着观者，露出一副怡然自得的神态。

别停下
跟上队伍

　　第二头黑白相间的花牛，昂起头向前瞻望，像是加快步伐往前赶，又似乎是要追上前面的伙伴，也可能是催促后面的牛跟上队伍。

哎呀，往哪边走呢

第三头深褐色的老牛，创作难度系数最大。采用正面造型，直视观众，视角独特，牛张口"哞哞"地叫，好像在呼唤后面的同伴，又像是对前面的路途和方向发出疑问。

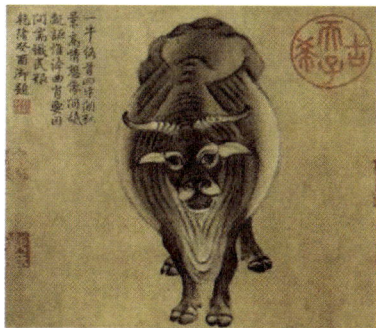

后面的跟上队伍

第四头黄牛边走边停下脚步，回首顾盼，它半伸着舌头舔着下唇，好像是在呼唤后面的同伴，眼里露出焦急的神色。

作为班长我的任务重大

最后的第五头牛跟前面的几头都不一样，它戴着鼻环和璎珞，神色严肃，眼睛似乎在关照着后面的同伴，缓缓地向画外的天地走去。

画中的五头牛各具样貌，画家淋漓尽致地表现了牛的各种性格特质，赋予牛人格化的魅力。其中每一头牛既可独立成图，相互之间又能首尾连贯，前呼后应，彼此顾盼，画面和谐，达到了形神兼备的境界，《五牛图》不愧为中国绘画史上的神品。

在中国传统文化中，人们一直将牛看作勤劳踏实的象征。不仅因为牛力气大，性情温顺，也因为其在几千年来的农耕文化中，代表着吃苦耐劳的奉献精神。韩滉细致入微地描绘了牛的形象，"借物寓意，托物言志"抒发了自己重农、重耕、重社稷的儒家思想。

审美感知

《五牛图》的线条之美。

　　让我们来看看韩滉的笔墨技巧，《宣和画谱》著录有韩滉的《李德裕见客图》《尧民击壤图》《田家风俗图》等画迹 36 件，但现在已看不到原作。这幅《五牛图》是他唯一存世的作品，从画中的用笔就可以看出线条有隶书的特点，行笔偏重，一波三折，用笔较迟缓，沉厚凝重，正如他自己所说："不能定笔，不可论书画。"意思是下笔要有定力，不能心浮气躁，否则就是不懂得书画。也许因为韩滉还擅长鼓琴，所以在运笔中充满了音乐的节奏和韵律之美。

　　粗壮有力的墨线勾勒出牛的骨骼转折，使牛的形象生动鲜活。通过墨色的浓淡、墨线的粗细变化表现出不同质感，如牛角和牛蹄的墨线肯定、墨色浓重表现出坚硬的质感；颈下松弛的皮毛用线两边细中间粗，墨色深浅有变化，表现出牛颈下皮毛下垂柔软的质感。画面中线条灵活多变、力透纸背、刻画精准且不失强烈的艺术表现力。画面设色有褐、黄、浅棕的细微差别，营造出了丰富多彩的视觉效果。

名家题跋，传承有序。

　　《五牛图》本幅及尾纸上依次有乾隆（前隔水、画面、拖尾四处）、赵孟頫（三处）、孔克表、董诰、项元汴、姚世钰、金农、蒋溥、汪由敦、裴曰修、观保、董邦达、钱维城、金德瑛、钱汝诚等题记。

唐史稱韓滉畫與宗人粹相埒名畫錄謂馬牛
難目前之富最難為快滉筆此畫其妙今觀此
圖蓋信顧宣和畫潘載滉畫有湖牛呼牧諸圖
即趙吳興跋中所列六尚有四圖乃石渠寶笈
鑒藏惟豐稔一圖今年秋甫得此卷耳始名績
良足供我瞰清賞要惟寓意而不留意豈以
羅致為貴邪乾隆壬申嘉平朔御題

真　託　春　犁

展开手卷，乾隆在卷首御笔题写"兴托春犁"四个字，意思为一年之
计在于春，一年的收成全寄托在春天的辛勤耕犁上。

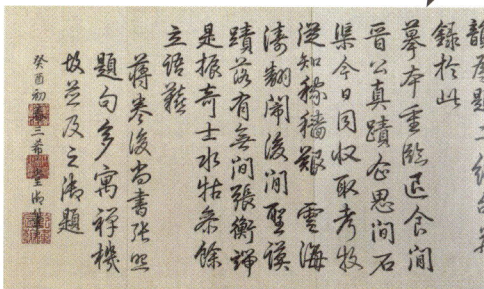

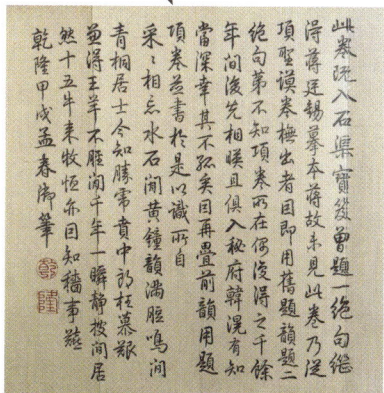

乾隆在作品中一再题跋，强调此画与农艰有关，表现出其对国计民生的关切。

第三段跋　　　　第二段跋　　　　第一段跋

《五牛图》上没有画家的名款。之所以知道这幅画是韩滉所画，是因为在元代赵孟頫画作后面的三次跋文里说是韩滉的作品。

赵孟頫有幸获得《五牛图》之后，对其珍爱至极，并先后三次进行题跋，题跋所用的书体为行楷，结体严整、笔法圆熟，字体遒媚秀逸，这是他一贯的书写风格。赵孟頫对《五牛图》的含义有自己独特的见解，其中第二段题跋说，他认为作品表现的是："梁武欲用陶弘景，画二牛，一以金络首，一自放于水草之际，梁武帝叹其高致，不复强之，此图殆写其意云。"

南朝梁武帝试图邀请隐士陶弘景入朝为官，陶弘景不想为官，就画了两头牛，一头戴着金络首，还有人驱赶它，一头散放于水草间自由自在。梁武帝看后明白了陶弘景的想法，便不再提让他出山为官的事。赵孟頫借这个典故表达，即便是"金笼头"一般的高官厚禄，也不如栖息于山野河流之际的潇洒自由。

《五牛图》上除了有乾隆皇帝和赵孟頫的题跋，还有多位名家题跋，书法造诣高深，技艺精湛，各具特色，具有极高的文史研究价值和艺术欣赏价值。他们在作品上题跋和加盖收藏印章，为《五牛图》的流传历程和辨别真伪提供了有力的证据。

艺术拓展

颠沛流离终归来。

《五牛图》原是被乾隆皇帝收藏于紫禁城内的，后来它流落海外。1950年年初，中央领导收到一位爱国人士的来信，信中希望中央政府出资尽快收回国宝。后中央领导指示，鉴定真伪，不惜一切代价购回，并派可靠人员专门护送，确保文物安全。名画虽然回归祖国，但几经颠沛流离，画面上蒙满了尘垢，伤痕累累，更有数百处大小的破洞。后来，《五牛图》被送到故宫博物院文物修复厂，由裱画专家进行修复。经过淋洗脏污，画心洗、揭、刮、补、做局条、裁方、托心等步骤，补全了画心破洞处的颜色，再经镶接、覆褙、砑光等，以宣和式撞边装裱成卷。八个月后，验收的专家组给予了高度的评价，认为图卷在补配处全色及接笔不露丝毫痕迹，与原画保持了统一，裱工精良，裱件平整、美观，达到了较高的装裱修复水平。装裱修复完成的《五牛图》旧貌换新颜，名画重新焕发生机。

画外有乾坤
HUAWAI YOUQIANKUN

感受"兴托春犁"的农耕思想

一牛络首四牛闲，
弘景高情想象间；
舐龁诇唯夸曲肖，
要因问喘识民艰。

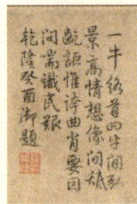

【赏析】

乾隆在《五牛图》上留下的这首诗，以"弘景高情"言明了韩滉画中的隐喻——陶弘景画《二牛图》向皇帝表达渴望归隐之心，皇帝知其心意却时常以朝廷大事用书信询问他。陶弘景以隐士身份，辅佐梁武帝为政。而要效仿梁朝时期陶弘景画牛寓意归隐山林，在后世只能是想象而已。作为一朝君主，在陶弘景"山中宰相"一事中，乾隆更为关注的并非是隐居，而是陶弘景关心国家大事这一行为。正如对于画作，乾隆不仅是欣赏画家高超的画工，还要了解画家作画的深意，所以又用"丙吉问牛"的典故，再次表达自己的态度——重视百姓疾苦。农耕为民生，百姓疾苦更是民生之本。一代国君将自己的治国之道与对治国贤臣的渴望都写在了这里。

文史链接

古往今来，国家对民生的重视直观地体现在重农耕的思想上，在不同阶段的艺术作品中也有生动的投射。数千年的农耕历史兴盛了"牛文化"，牛与万物的生长似乎存在某种天然的联系，因此，敬畏自然的思想中也就生发出对牛的尊崇，耕牛尤其受到人民珍爱。

早在远古时期，牛就被视为祭祀上品。随着社会发展，牛的用途渐广：耕种、拉车、推磨、载客等。此外，牛也构成了人类饮食文化的重要内容，还成为各种工艺品的重要原料。

韩滉为什么爱画牛？

《唐朝名画录》记载（韩滉）："能图田家风俗，人物水牛，曲尽其妙。议者谓驴牛虽目前之畜，状最难图也，唯晋公于此工之，能绝其妙。人间图轴，往往有之，或得其纸本者，其画亦薛少保之比，居妙品之上也。"可见，他的作品得益于长期仔细的观察。"安史之乱"后，国力衰败，韩滉掌管朝廷财政时，以卓越才能厚积财帛，使得国库充实。《五牛图》中，五头牛"昂首、独立、嘶鸣、回首、擦痒"，笔力厚重，形神兼备。以牛为喻，以牛壮志，已超越一般劳动形象的意义，更似韩滉本身的性格。一幅作品能够反映社会、折射心灵，自然也就成了传世佳作。

素养实践

扫二维码，看真题链接＋答案

吾家洗研池頭樹簡
華開澹墨痕不要人
誇好顏色只流清氣
滿乾坤王冕元章為
良佐作

鈎圈略異楊家法云滿
冰心雪壓腰何磔傍人
喙作杏問他杏得東清
標 尚題

《墨梅图》

元代 / 王冕

中国画（手卷）纸本水墨，横50.9厘米，纵31.9厘米

现藏于故宫博物院

肆 《墨梅图》

只留清气满乾坤

墨梅图

《墨梅图》为什么不用色彩画梅，而用墨色画梅？

名家简介

　　王冕（1287—1359）字元章，号煮石山农，亦号梅花屋主，诸暨（今浙江）人，是元代杰出的具有爱国主义思想的诗人、画家。著有《竹斋诗集》存世。王冕一生清贫，不畏艰难，轻视名利，同情苦难的人民，担忧国家前途。他宁愿归隐，靠耕种和卖画为生，过贫苦生活，也不愿与迂腐的权贵同流合污。

　　王冕善诗善画，尤其以善画墨梅最为知名。他重视梅花的精神内涵，认为描摹梅花外形易，表现梅花的精神难，因此他喜用水墨苍润的效果，表达梅花不以颜色媚人的清高和骨气。他继承了宋代仲仁和尚与扬无咎的画梅传统，开创了"密体墨梅"的风格，将墨梅艺术发扬光大，对后世画梅影响深远。存世代表作有《墨梅图轴》，现藏于上海博物馆藏，《南枝春早图》现藏于台北故宫博物院。

图像识读

　　《墨梅图》绘梅花一枝，墨色浓郁的梅花枝干自画卷右侧出枝，出笔较长，似游龙横空划过，舒展蜿蜒，挺拔坚韧。梅花有疏密有聚散，有正有侧，有俯有仰，有的含苞，有的怒放，姿态万千、错落有致。花瓣不以墨线勾勒轮廓，而直接用水与墨冲、积、点、染，这种技法称为"没骨"法，可得花瓣轻盈圆润。花蕊和花萼处用重墨勾点，与花瓣形成鲜明对比，平添梅花清冷俊丽之美。在梅枝上方，有一首题诗，这诗便是我们熟知的《墨梅》，诗曰："吾家洗砚池头树，个个花开淡墨痕。不要人夸好颜色，只流清气满乾坤。"诗文成为王冕吐露心声的墨迹载体，表现了他用梅花反映内心"清气满乾坤"的胸襟。画面整体构图宁静简淡，水墨清新淡雅，诗书画浑然一体，让人感到清气充沛、骨坚气毅、生机盎然。

"之"字形构图，灵动绵延。

　　画梅主要以枝干构图，远观画面，首先映入眼帘的就是"之"字形枝干，我们可以称之为"之"字形构图。《墨梅图》的意趣无穷，与它成功的构图是分不开的，犹如汉字"之"字的一波三折，王冕运用"之"字形将梅枝在现实生活中扭转、舒展、穿插、蜿蜒的自然形态表现得淋漓尽致，宛若自然天成。由于构图简单，画面中有大面积留白，留白处虽笔墨尽，但气韵生，梅枝蜿蜒流动的曲线走势好似凝聚出一股"气"，这股气势无形地在画面留白处流动，连绵不断，给我们的视觉延伸留下了空间。这些留白的空间也是王冕题诗落款、丰富构图层次的绘画手段，谓之"经营位置"。"之"字形构图单纯多变，既能灵动，也可绵延，既能给人以活泼的节奏感，也能给人以贯通无穷、意犹未尽感。

《墨梅图》王冕（局部）

笔法纯熟，气力贯通。

近观《墨梅图》，可以看到王冕纯熟老道、苍劲有力的笔墨主要体现在枝干和梅梢上。枝干虽作弯曲之势，但不绵软，而如弯弓一样刚力中蕴含韧劲，这主要是与王冕的用笔有关：他画枝干一气呵成，不草率匆忙，行笔多转折、多顿挫，断笔处笔断意不断，停笔交接处没有滞涩，气韵连贯。画中的长梅梢用中锋和偏锋交替运笔，由一笔写出，其中行笔迅疾处留有飞白，收笔时梅梢的尖端露出笔锋，凸显了梅枝的清俊和韧劲。王冕画梅亦是写梅，其笔法有骨力有韵律，节奏张弛有度，生动有致，尽显笔墨意趣，抒写了柔弱的梅花虽受风欺雪压，但傲骨不屈、绝不低头于凄寒的人生际遇，可谓节操至臻。

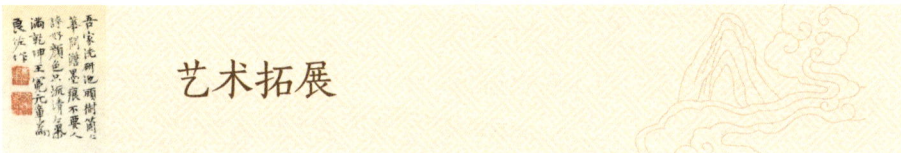

艺术拓展

以诗入画，诗画合一。

尽管墨梅是画面的主体，但画面上方的《墨梅》诗非常引人注目。此诗用饱满的楷体写出，主要是"以墨点瓣"所做的感言，以诗表画意。题诗"只流清气满乾坤"中，王冕为何不用"留"字而用"流"字呢？这是因为"流"可以看作墨汁流淌，也可理解为梅花香气流动，有暗香浮动之

《墨梅图》王冕（局部）

感，相比"留"字更加生动。诗使人联想到砚池旁的情景：梅树下，池台上，王冕用水将浓墨化开，墨香和花香在冬日小院里氤氲开来，墨汁在纸面点染出一枝清淡的墨梅，昭告了春天将要来临。此诗使我们联想到王冕画梅的情景，辅助解读画作的意蕴，也使画作中的墨梅得到了升华。

以诗入画的意义也在于能够以画传诗情。王冕根据诗的主题和意境选择表现墨梅的方法，有利于构思画面。例如，在表现"个个花开淡墨痕"的意境时，王冕用淡墨表现花朵，画嫩枝用墨也淡了一些；"只流清气满乾坤"说明画花朵不能太繁茂，易简不易繁，行笔也要简洁流畅，这样才能体现出清淡的意境。围绕诗中的"淡"和"清"作画，画面显得格外清雅。

由于图像本身传达的信息有限，不是任何主题、思想和情感都可以通过绘画表现无遗的。所以，以诗入画，往往能深化绘画的意境美，加深作者对意境的求索，题诗成为画面构图不可缺少的部分[1]。以诗写画意，以画表诗情，再加之王冕画梅多有书法的笔意，诗、书、画三者相互促进，形成有机整体，增强了"托物言志"的功能，多角度地深化了画面的意境，使《墨梅图》成为诗、书、画一体的典型作品。

画外有乾坤
HUAWAI YOUQIANKUN

赏画读诗

《墨梅》

作者：王冕

吾家洗砚池头树，
个个花开淡墨痕。

---

[1] 于希宁．论画梅 [M]．济南：山东教育出版社，1989：32．

不要人夸好颜色，
只流清气满乾坤。

【赏析】

这是一首题画诗。题为"墨梅"，意在述志。诗人赞美墨梅不求人夸，只愿给人间留下清香的美德，实际上是借梅自喻，表达自己对人生的态度及不向世俗献媚的高尚情操。开头两句直接描写墨梅。画中小池边的梅树，花朵盛开，朵朵梅花都是用淡淡的墨水点染而成的。"洗砚池"化用王羲之"临池学书，池水尽黑"的典故。三、四两句盛赞墨梅的高风亮节，正是诗人的自我写照，表现了诗人鄙薄流俗、独善其身，不求功勋的品格。王冕自幼家贫，白天放牛，晚上到佛寺长明灯下苦读，终于学得满腹经纶，而且能诗善画，多才多艺。但他屡试不第，又不愿巴结权贵，于是绝意功名利禄，归隐浙东九里山，作画易米为生。诗人将画格、诗格、人格有机地融为一体，表面上是在赞誉梅花，实际上是赞赏自己的立身之德。

文史链接

诗词中的梅花意象与人生品格

"梅"是中国古典诗词中的重要意象之一，味有清香，态有风骨，品有高格，与"兰、竹、菊"并称为"花中君子"。古往今来，文人雅士赏梅、咏梅、品梅，形成了独特的文化底蕴和人格精神。历览前代诗词，"梅花"意象中所表达之意主要有以下几方面。

引领众芳，敢为天下先的勇气。陈亮《梅花》："一朵忽先变，百花皆后香。"诗人抓住梅花最先开放的特点，写出了不怕打击挫折、敢为天下先的品质，既是咏梅，也是咏自己。

凌寒不屈的顽强。卢梅坡《雪梅》："梅须逊雪三分白，雪却输梅一段香。"可见，梅之傲骨，同时梅还担当了春的使者。

高洁脱俗的风骨、不同流合污的心志。王冕《墨梅》："不要人夸好颜色，只流清气满乾坤"。以冰清玉洁的梅花反映自己不愿同流合污的品质，言浅意深。

隐者高士的象征。诗人在受挫时感到尘世的不如意，并受道家逍遥哲学的影响，于是寄情于山林风物，渴望清静无争的生活，梅花也便有了隐者高士的意象。周密《疏影梅影》："记梦回，纸帐残灯，瘦倚数枝清绝。"宋人制造梅花纸帐，隐士好用，灯已烧残，正照纸帐上的几枝梅花瘦影上，这样清幽的生活也只能为隐者所享。

清冷淡雅的美人。梅花自古便有"霜雪美人"的意象，柳宗元在《龙城录》中记载梅花传说，隋开皇中赵师雄于寒冬时节在罗浮山中见一淡妆素服的美人，此女便是梅花所化。姜夔《疏影》："想佩环，月夜归来，化作此花幽独。"写王昭君的月夜归魂，给梅花形象增添了血肉。

传递情感与祝福的媒介。司马光《梅花》："驿使何时发，凭君寄一枝。"折梅寄友后又逐渐代表一种情绪，诗人看到梅花就不由得想起远方的朋友。

素养
实践

扫二维码，看真题链接 + 答案

伍 《千里江山图》

绿水青山的中国梦

《千里江山图》
北宋 / 王希孟
绢本青绿设色，全卷横 1191.5 厘米，纵 51.5 厘米
现藏于北京故宫博物院

名作鉴赏

MINGZUO
JIANSHANG

江山千里望
秋光
渺渺秋山
江浸一轮秋
水净沙明
两岸秋
天高气肃
月白云青
渺渺烟波
扁舟一叶
去
悠悠天地
孤舟尘
梦断人远
杜牧诗意作行
人间
乙酉中秋之月
□□

艺术史实
YISHU SHISHI

千里江山图

《千里江山图》是如何表现宽广宏大山川壮美的?

名家简介

　　王希孟是宋代宫廷画家,生卒年月不详,画史中对他的记载只言片语。民间传说他自幼丧母,随父进入北宋画院,不知是否受浓厚的艺术氛围熏陶,《千里江山图》的画卷早在他心中勾画了腹稿?《千里江山图》上也并未留下他的款名,唯有画卷上蔡京的题跋,成为了解王希孟的重要文字资料,蔡京跋文提到:"政和三年闰四月一日赐。希孟年十八岁,昔在画学为生徒,召入禁中文书库,数以画献,未甚工,上知其性可教,遂诲谕之,亲授其法,不逾半载乃以此图进,上嘉之,因以赐臣,京谓天下士在作之而已。"[①] 从中我们可以得知,王希孟生活在宋徽宗时期,青年时在画院学画,得到宋徽宗的赏识,宋徽宗亲自教授他绘画,画艺精进。郑和三年,年仅18岁的王希孟仅用半年的时间就绘成了《千里江山图》,在画卷中他以青色、绿色写山水,成为现藏古代青绿山水画之中的耀目之作。

---

① 《中国大百科全书》第三版。

图像识读

全景式构图尽览青山碧水。

《千里江山图》全卷横 1191.5 厘米，纵 51.5 厘米，采用全景式的构图形式。王希孟将画卷中的山峦景致放远，抬高了观看者的视线，形成"仰观"的视角，产生视域扩大的感官效果，在 51.5 厘米的纵深画幅中，拉大了山峦之间的空间距离，形成了气势恢宏、雄伟壮阔的视觉空间效果。

在如此宏大的场景中，"以大观小"，可以将画卷逐步展开分段细观，形成一个个独立的画面，各段山水又有起、承、转、合的变化，耐人寻味。《千里江山图》是由一幅整绢绘制而成的，故而长卷一气呵成，气韵连贯，各段山水通过长桥、江河的波浪相连接，将祖国的大好河山尽收一卷之内。画卷基本取势"平远"，表现出了水天一线、群山万壑、壮丽秀美的山水。画卷中的人物、景物刻画得细致入微，精巧绝美，静态的风景中穿插动态的船只，画面生动还原了清丽山水、渔樵耕读、天人和谐的悠然恬淡之美。

画卷中，山水布局错落有致、层次丰富、疏密得当，观者的视线自右向左慢慢移动，自然畅游于画中，景随人移，观者在画中游，画在景中走。这样大型的长卷全景式构图的青绿山水作品在中国山水画史上十分罕见，迎合了北宋时期"丰亨豫大"的政治追求，再现了千年前的锦绣河山。

笔墨间领略青绿山水。

《千里江山图》呈现出的是长卷式山水，但其也是一幅笔墨精妙的水墨作品。传统的青绿山水作品在赋彩之前先进行了墨稿绘制，先用浓、淡的墨线勾出画卷中山石的轮廓，再用柔润且富有弹性的长线条加皴，通过繁简疏密区分山石的阴阳向背。表现山石的阴面，需以淡墨多皴，且上密下疏，再加以淡墨渲染使山势呈现浑厚感，阳面的山石是用浓墨复勾加少皴或不皴。通过这样的方式使得山石阴阳向背结构更富有层次感和厚重感，同时突出了山石之间远近、上下、虚实的关系。

王希孟的《千里江山图》不同于隋唐时期青绿山水画勾线、填色的画法，他在此基础上大胆创新，将线条演变为皴法，突破线条对色彩的规定和限制，将墨皴与色皴相结合，使得色彩的表现力更强。画卷中，山石主体多用披麻皴和荷叶皴，兼用斧劈皴和钉头皴；树木多中锋用笔，树身采用没骨画法，偶有双勾，以浓墨为主，形态各异，树叶则兼用鼠足点、梅花点和小混点等，有浓有淡，形成了笔墨自由的审美节奏。树木或疏或密，散落在山石的山根、山腰或山顶之上，丰富了画面中山石上、下、远、近的层次关系。

审美感知

浓郁的青绿色彩尽显北宋的高格审美。

北宋时期的青绿山水观最早可以追溯到南齐谢赫"六法"中的"随类赋彩"。"随类赋彩"不是对自然事物的客观再现，也不是单纯地将物体分门别类进行涂色，而是对山水诗意的情感"观想"，这与画家的主观情感是分不开的，体现画家最真实的内心感受。《千里江山图》最绝妙之处在于：王希孟在画卷中将青色、绿色变化与交融的敷色形成了自然和谐的山川之色。王希孟将自己内心之色彩与自然之色彩高度融合，以色彩造境，达到了"天人合一"的艺术境界，堪称国宝级青绿山水作品。

宋徽宗时期对隋唐时期的青绿山水十分推崇，王希孟在宋徽宗"复古"思潮的影响下，在用色上沿用了传统的"青绿"设色方法。因《千里江山图》在山脚的位置勾勒泥金，作品尽显堂皇和精致。把"传统"的重彩画法拆分为"皴墨""皴色"相结合的表现手法，既保留了重彩绘画的传统艺术特色，又超越传统设色的程式，形成了《千里江山图》独有的"不古不今"的艺术特色。

《千里江山图》中运用了石青、石绿、赭石等矿物色和花青等植物色，奠定了全卷明丽多彩的色彩基调。王希孟将色彩分层次渲染，画卷中的山石在墨色皴染的基础上，再用赭石色从山脚自下而上进行分染，增强了山石的沉稳厚重。用汁绿从山头自上而下进行分染，根据不同山石的空间布局运用二青和二绿层层分染，青绿渐融使得每座山峰都富有色彩的层次变化。山石之间错落有致，又用三青和三绿皴染山石阳面的山头，并用头青和头绿分染山石暗部，山色交相衬托，画卷清澈鲜丽，渐入岫色佳境，引人入胜。

《千里江山图》中运用"花青""藤黄"调和出"汁绿"，并综合运用墨色和淡花青色在山坳处渲染，使得画面更加清透、灵动，突出了青绿山石之艳丽。画卷中的近景山石采用厚画法，进行了分染，远处的山石、背景都采用薄画法，通过色彩薄厚的处理塑造了画卷中远近虚实的空间关系。画卷设色层次渐进，饱满丰富，浑然一体。《千里江山图》打破了传统的平面性装饰效果，贴近生活，真实地进行"山水写真"，释放了青绿山水画的动人魅力。《千里江山图》不仅成为青绿山水画发展史上的一座里程碑，更是后世对"锦绣山河"的梦想蓝图。

艺术拓展

绘制《千里江山图》的过程中，王希孟使用独特的绘画技法描绘了巍峨雄伟的山脉、浩瀚无垠的江河，将南方清丽秀润的田园风光与北方雄伟峭拔的山川景致融为一体，咫尺之间存千里之趣、万里之势。画卷虽以山河为主体，但在叙事性描绘中亦有不同主题的小景镶嵌其间。丰富的物象之美被集中呈现在《千里江山图》的画卷中，咫尺间能感受到祖国山河的波澜壮阔，呈现出"咫尺之间夺千里之趣"的审美特点。

相较于五代的分崩离析、民不聊生，北宋时期的社会更加安定和谐，国家对文化也越发重视，强烈的个人使命感和社会责任感在士大夫阶层心中冉冉升起，他们以天下为己任，努力奋斗，力求国家能够和谐稳定，繁荣发展。在这样的时代背景下，王希孟也有自己的"盛世梦"。他在18岁时就创作出了《千里江山图》，在平面的绢本画卷上，通过山峦连绵起伏、水面清波荡漾、水天相融相接来描绘祖国景致的秀丽壮美。一笔一墨描绘其心中之"千里江山"，蕴含着他对太平盛世的美好期盼。今天，这幅作品仍然在历史的长河中闪耀星芒，"青绿"震古，"绿水青山"烁今，"绿水青山"的中国梦跨越了时间的阻隔，被一代代中华儿女，通过自己的方式努力实现。

画外有乾坤
HUAWAI
YOUQIANKUN

赏画读诗

《彭蠡湖中望庐山》

作者：孟浩然

太虚生月晕，舟子知天风。
挂席候明发，渺漫平湖中。
中流见匡阜，势压九江雄。
黯黮凝黛色，峥嵘当曙空。
香炉初上日，瀑水喷成虹。
久欲追尚子，况兹怀远公。
我来限于役，未暇息微躬。
淮海途将半，星霜岁欲穷。
寄言岩栖者，毕趣当来同。

【赏析】

此诗是诗人孟浩然漫游东南各地、途经鄱阳湖时的作品，描写了在鄱阳湖中远望庐山的情景。开篇写因天风将至，舟子将船泊于湖中，接着写庐山的壮丽景象，见景生情，想起了古时的隐士高人而感叹自己为行役所缚，盼望将来也能远离尘俗以山水为侣。诗人巧妙地把时间的推移、空间的变化、思想的矛盾结合起来。全诗格调雄浑，气势磅礴，表现了孟诗"冲淡中有壮逸"的一面，也体现出了典型的盛唐气象。

文史链接

失败的皇帝，成功的艺术家——宋徽宗的错位人生

宋徽宗是小说《水浒传》中皇帝的原型，作为皇帝的宋徽宗是非常失败的，他在位二十余年，奸臣当道，朝政废弛，民怨鼎沸，最终北宋江山葬于他手。

不过，宋徽宗也有备受称赞之处。他文艺天赋极高，诗书画印无所不精，是出了名的"不爱江山爱丹青"的皇帝，成功荣登"最文艺皇帝排行榜"榜首。书法上著名的"瘦金体"就是他所创的，现代美术字体模仿那种神韵，也创造出一种字体，名为"仿宋"。他还利用皇权以一己之力硬挺绘画发展，使得中国传世名画单北宋一个朝代就占了两个名额，横1191.5厘米的《千里江山图》和横528厘米的《清明上河图》，堪称书画里的半壁江山。如果他不是皇帝而是艺术家，宋徽宗无疑是能流芳百世的。但俗语说："在其位，谋其事。"当着皇帝的宋徽宗，却沉湎于自己的兴趣爱好，纵然满腹才华，也落了个悲惨下场，让人在惋惜之余，只能从文人雅士、书画艺术家的角度去欣赏他了。

素养实践

扫二维码，看真题链接＋答案

陆 《清明上河图》

东京梦华的百姓日常

《清明上河图》

北宋 / 张择端

中国画（绢本设色），横 528.7 厘米，纵 24.8 厘米

现藏于北京故宫博物院

《清明上河图》局部

清明上河图描绘了什么内容？

名家简介

张择端，字正道，北宋时期的画家，东武（今山东省诸城）人。他早年游学于汴京（今河南省开封市），后来学习了绘画，宋徽宗时成为宫廷画家，专攻界画，尤擅绘舟车、市桥、郭径，以细腻的笔法自成一家。现存的作品有《清明上河图》《西湖争标图》。前者是一幅具有重大历史价值和艺术价值的风俗画长卷。

《清明上河图》上未留张择端的姓名和创作年代等相关信息。对于张择端其人其艺，《宣和画谱》《广川画跋》《画继》等宋代画学类著作、《宋史》等官修史书及《洞天清录》等宋代名士杂记中均无记载。后世将该作定为北宋张择端所画，皆缘于《清明上河图》画幅后历代鉴藏者的题跋、赋诗和钤章等。

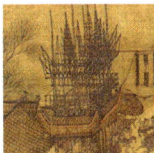

图像识读

《清明上河图》，横528.7厘米，纵24.8厘米，长卷形式，采用散点透视构图法描绘北宋繁华。此画大致分为三个部分：城郊乡野风光、汴河两岸繁华和汴梁市区街道。但从古老的汴梁城地图上看《清明上河图》，其所描绘的空间只有整个汴梁城的一小段，连内城都没进。虽然这一段只是汴梁城的一小部分，却让我们感受到了北宋的繁华。

北宋东京平面图（局部）

轿子插柳的一队人马从郊外进城

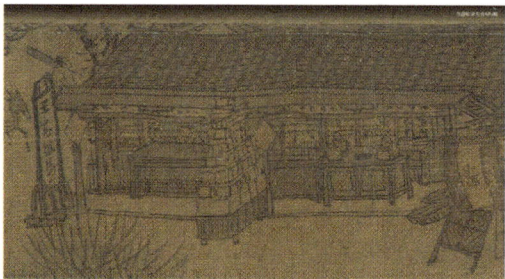

王家纸马店

这幅画年代久远，画中颜色现已褪去，后世对画中季节产生了疑问："清明"二字到底是何意？

有学者认为，"清明"指的是清明节。画中有一队人马自郊外入城，主人乘坐的轿子插满枝叶杂花，这是北宋开封一带扫墓时乘轿特有的习俗。画中还有一家纸马店，一侧的招牌上写着"王家纸马"四字，另一侧摆放着一叠做好的纸人、纸马、纸扎楼阁、冥币，人物造型与时空景物的描绘符合"清明"时节的民俗特征。

也有学者认为，"清明"是地名，即汴梁城内的清明坊。画中所绘是从清明坊到虹桥汴河两岸的社会生产活动的场景。

还有历史文化学者认为，"清明"为清明盛世，如《后汉书》中有"固幸得生于清明之世"中所说的"清明"，乃是画家称颂当时社会是太平盛世。

审美感知

食在汴京

"以小见大"，以精细方可见深广，《清明上河图》为后世揭秘了宋人的"小资生活"。展开《清明上河图》，犹如在北宋汴京城逛街，"食在汴京""欢楼美禄""外卖小哥""万年沉香"等社会生活细节体现了北宋的繁华之美，"船业发达""悬臂梁桥"体现了北宋先进的科学技术，从"船桥险情""书屏盖车""酒缸鼎山"的描绘暗示了北宋末年潜藏着执政者所不知的社会危机。

北宋时，汴京常住人口约有 100 万人，是当时世界上人口最多的城市。宋人大约五更天就开放早市，北宋初年，宵禁已被完全解除，宋人的夜生活逐渐丰富，很多人都有入夜后再吃一顿的饮食习惯。自此中国人的饮食习惯从"过午不食"改成了一日三餐。

《东京梦华录》记载："在京正店七十二户……其余皆谓之脚店。"这里所说的七十二户正店是指经过官方批准、有雄厚的资金和规模、可酿酒的大酒楼。

从画卷中可见，在街上除各种档次的酒店之外，汴京街头还随处可见卖各种美食的店铺、地摊及行走的食摊。宋人的主食包括包子、糍糕、团子、蒸饼、糖饼、油饼、馒头等。城门外平桥头北边的烧饼摊，卖的烧饼中间凹陷周边翘起的样子很像今天我们所熟知的新疆烤馕。

城门外平桥头北边的烧饼摊

烤馕上有红枣、核桃、葡萄干

宋朝人爱饮茶，城中茶坊到处可见，如同今日的奶茶店。两个刚放下担子、光着胳膊的挑夫在一个饮子摊前，似乎正要购买，这表明饮子的价格是比较实惠的，属于一种大众饮品。饮子就是含有草药成分的饮料，不是白水，类似今天的各种凉茶，清热降火的同时也解渴。《东京梦华录·州桥夜市》记载，卖的饮子中有"砂糖冰雪冷元子、生腌水木瓜、药木瓜、砂糖绿豆甘草冰雪凉水"等，不仅好喝，还有养生的功效。

虹桥桥头东侧脚店对面的饮子摊　　　　久住王员外家门口的香饮子摊

宋人喜欢香药，啜香汤，饮子中的原料也多是紫苏、甘草等甘香之品，所以又叫"香饮子"。画面中有卖饮子的小摊位，遮阳伞下挂着"香饮子"的牌子。

欢楼美禄

虹桥是全幅画最醒目的中心。过了虹桥，首先映入眼帘的是一座规模壮观的两层建筑——十千脚店。脚店指正店之外临时歇脚的酒店。十千脚店在汴梁城的位置得天独厚，店前人来人往，后楼高大宽敞，有排场，生意兴隆。门前立着的大灯箱上写着"十千""脚店"。灯箱里还能点上蜡烛，以便在夜间招揽顾客，这大概是中国最古老的灯箱广告了。

"十千"取自曹植的《名都赋》："归来宴平乐，美酒斗十千。"店门口的两根柱子上分别写着"天之""美禄"四个大字。"天之美禄"也是酒的别称。《汉书·食货志》有云："酒者，天之美禄。"用古人写的词句，来给自己的酒打广告，看来店家也是个风雅之人。

十千脚店的立体灯箱　　　　　　十千脚店的彩楼欢门

宋朝酿酒业虽然空前繁荣，却由官府牢牢掌控，酒税是宋朝财政的重要来源，酒曲的制作权归朝廷所有，经营者需取得朝廷特许的"直销权"才能销售，民间私自酿酒最高要处以极刑。有酿酒资质的只有正店，而脚店属于下一级的分销商，只能从正店领购酒水分销售卖。画卷中最大、最豪华的酒楼"孙羊店"就是一家可以酿酒的正店，酒楼后院堆积如山的酒瓮，说明城中酒水的消耗量之大。

"孙羊店"这个店名在今天也许应该叫"孙家全羊大酒店"，显然它是主营羊肉特色的酒店。宋代禁食牛肉，《水浒传》中梁山好汉动辄"来一斤牛肉"，只是出自小说家的想象。如此一来，宋代人就铆足了劲儿研究羊肉的吃法。仅《东京梦华录》中提到的汴京羊肉美食就有排炊羊胡饼、羊肉小馒头、羊肉包子、旋煎羊等不下二十种。

"孙羊店"的彩楼欢门高耸、华丽、气象壮观。《清明上河图》中绘有彩楼欢门的地方多达七处，由于店家的资本厚薄不一，故彩楼欢门的层数、大小、装饰程度也不同。"孙羊店"的彩楼欢门上缀满了花球、花枝，并且编成了各种专用的纹饰。门首还挂着象征提供陪酒服务的栀子灯，这家店相当于现在的夜总会，招牌几乎都做成了灯箱——夜里放上蜡烛，就成了"霓虹灯"。

如果一千年前有卫星地图，我们会看到，入夜之后，世界上许多地方都陷入一片漆黑之中，只有宋朝境内的城市还灯火辉煌。

孙羊店

外卖小哥

《清明上河图》描绘了现代生活中的"外卖小哥"。在十千脚店的门前，有一位店小二左手端着两个碗状的器物，右手拿着类似筷子的东西，腰间还束着宽大的褡膊，显然是急匆匆地赶着去送"外卖"。孟元老《东京梦华录》中描绘了宋代餐饮业的发达："处处拥门，各有茶坊酒店，勾肆饮食。市井经纪之家，往往只于市店旋买饮食，不置家蔬。"这段话的意思是家里有点小钱且住得近的，就近买点吃的是汴梁城百姓的生活日常。

十千脚店前的外卖小哥   外卖小哥细节图

在画卷中我们还可以看到流动性的"盘卖饮食"。值得注意的是，《清明上河图》上还画了几个头顶托盘卖食品的小商贩，这些小贩的头上或肩膀上顶着装食物的盘子或食盒，用一只手托扶着，另一只手拎着一个可以开合的支架。将支架撑开，放在街边，再将食盘或食盒放在支架上，便成了一个小小的街边摊点。这些流动的小摊位都是卖什么的呢？《梦粱录·卷十三》记载："……又有沿街头盘叫卖姜豉、膘皮子、炙椒、酸儿、羊脂韭饼、糟羊蹄、糟蟹……各有叫声……"听听，我们口水都流出来了。

《清明上河图》中流动的小摊贩

万钱沉香

在《清明上河图》画卷的末端，十字大街路口北有一家比较特殊的店铺，门口招牌上写着"刘家上色沉檀拣香"，意思是说刘姓人家经官府特许专营的香药铺，有上好的沉香、檀香、乳香等香材。横匾上写着"沉檀安宫丸"字样，这就不是普通人能消费得起的。《舆地纪胜》记载："沉香，出万安郡（今属海南省万宁市），一两之值与百金等。"价钱之高令人咋舌！这是一家卖高档香料的店铺。宋朝时期，对外贸易非常发达，有很多进口的昂贵香料，统计起来可能会多达几十种。即便如今沉香也是一种奢侈品。从店铺门前摆放的一张比较高档的复式靠背座椅，和作为全图唯一一处除餐饮酒楼外使用彩楼欢门的店铺，可以看出此店非同一般。

高档香料店"刘家上色沉檀拣香"

码头上扛运货物的工人

竹签计酬

《清明上河图》近 6 米的画面上，每个人都有自己非常清晰的人物角色设定。岸上有一人，手中拿着很多竹签，正在给从船上卸货搬运粮食的工人，每人发一根竹签，这在古代叫作签酬。意思就是，这些人在搬运一袋货物时，手上先拿一根签酬，到了目的地之后，把签酬放进自己的筒子里，等到收工的时候，就可以算出计件工资了。从中可见北宋社会经济的繁荣，以及呈现出的社会用工结算制度的管理模式。

船业发达

诚如一部分外国历史学家所说，宋朝在中国历史上是前所未见的科技发达的时代。宋代的造船技术和航运技术都居于世界领先地位，例如，出现了真正意义上的船坞，也就是修船、造船的工作平台。宋代造船业的发展体现在"水密舱"技术上，也就是把船底分成多个仓位，各个仓位之间互不相通，即使一个船舱触礁进水了也不会造成沉船，因为每个"水密舱"之间并不连通，一仓进水只会加重船体的重量，但船不会沉没。这种技术增加了行船的安全性，为远途航运带来极大的便利。

宋代的船舵设计得也非常高明，使用的是升降舵与平衡舵。升降舵指舵叶上装有舵链，可根据吃水线深浅来确定舵位高低。当航道水浅时，可操控舵的铁链将船舵升起，以免舵叶插入河底泥中；当航道水深时，可使船舵下降，以提高舵的效力。船舵还设计有可以在船的两头控制的摇橹船，橹和桨是船只的推进工具，不同之处在于"划"桨而"摇"橹。相传是鲁班看见鱼儿在水中摇尾前进，遂削木为橹。图中船橹可供 6～8 人同时使力，大概是汴河太过繁忙了，才设计出这种两边都可以控制船只方向的摇橹船。

各式升降舵与平衡舵

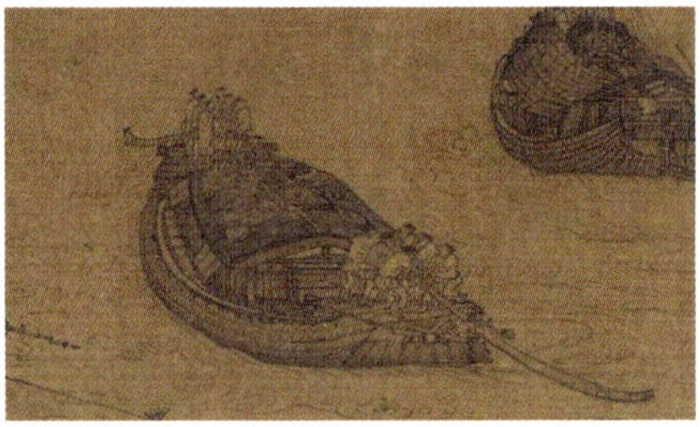

船头船尾都可摇橹的漕船

汴河上船只来往，首尾相接。图中大大小小共画了二十八条船，大致可以分为货船、客船、游船三大类。

1.汴河上的货船又称漕船，在汴河上主要负责漕运，形状扁平宽阔，吃水浅，载重大，运行平稳，适宜在内河运行，也称"平底船""浅底船"。

漕船　　　　　　　　从桅杆的顶上伸出纤绳，远处有五个纤夫正在拉纤

　　2.客船，又称"座船"。相比之下，客船更注重美观性与舒适性。船上设有一间间舱室，"四壁施窗户，如房屋之制，上施栏楯，采绘华焕，而用帘幕增饰"。舱室里面有桌椅床铺、茶水饮食，乘坐舒适，船身窗户多，装饰美观，乘客可以随时打开窗户，浏览沿河风光。

包厢客船

　　3.游船，又称画舫，专供游览之用。美观考究，装饰性强，两边都装满窗户，方便观看两岸风光。船头探出来的一块儿是观景台，船顶设有观景区。

设有观景区的游船

　　此外还有各种小型船，供打鱼摆渡使用，或临时搭载几个客人等。岸边一艘简陋的小船上，船上的女子刚洗完衣服，把脏水一股脑儿地倒入河里，洗好的衣服就搭在船篷上面晾干，画面生动地展现了船家的日常生活。

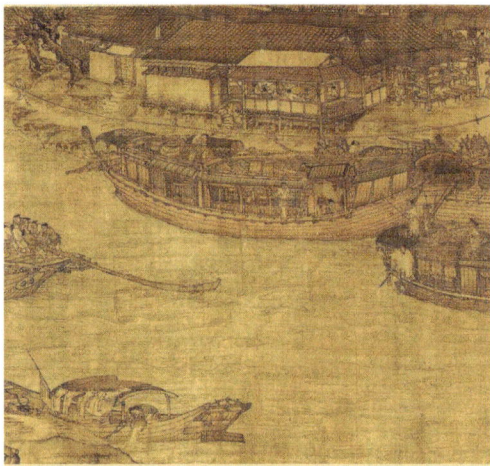

经营散活的小船

古代测风仪

　　在虹桥四角，立有四根长木杆，每根木杆顶上都有一个鸟形之物。这是什么呢？有什么用呢？宋代民间称其为"五两"，由五两重的鸡毛所制。它可不是用来做装饰的，而是正儿八经的古代测风仪。人们只要看鸟头朝向哪个方向，便可知道风向。古代测风仪"五两"简洁高效又兼具美感，其设计令人不得不佩服古人的智慧。

悬臂梁桥

张择端原画中，汴河上的虹桥是悬臂梁桥，跟我们现在常见的石拱桥不一样，是由木材搭建的，一根根巨大的方木按照一定角度交叉卯榫，互相支撑、互相制约、化直为曲，好像形成了一道飞虹。这一桥梁的建造技术在宋代以后基本失传，无论是在文字还是图像中，这种桥梁都消失了，其他摹本里画的都是石拱桥。《东京梦华录》记载虹桥："其桥无柱，皆以巨木虚架，饰以丹臒，宛如飞虹。"

文艺复兴时期的天才画家达·芬奇也做过一个与《清明上河图》当中虹桥的结构非常相似的叠梁拱桥的设计，但是他的设计仅仅停留在草图上，因为理念太过前卫，没有被世人接受。如果达·芬奇知道比他早四百多年，中国已经造出了行人走马的大桥，那么他会多么钦佩。更重要的是，张择端用完全写实的画法，将虹桥的结构画了出来，并记录于《清明上河图》中。

虹桥结构图

达·芬奇手稿叠梁拱桥

艺术拓展

桥船险情

在繁华盛世的图卷中心，却是一场船难危机，与岸上街市景象形成强烈反差。马上要过桥了，大船的桅杆还没有完全放倒，面对急流，船上的人皆是惊惧之色，有人将长杆扎到江里，摆正船头，让船不再随水流打转；有人用长杆拼命抵住桥梁，阻止船继续向桥靠近；有人在船尾使船舵横摆，增加阻力让船减速。船头四位船工向桥洞方向大声呼喊，原来桥下一艘货船正要起锚下行，长橹已经伸过拱桥，而船工被船舱挡住了视线，并没有看到上行的客船。虽然虹桥上的路人向他们呼喊摆手，但虹桥上的喧嚣以及汴河汹涌的水声堵住了他们的双耳。如果货船顺流而下，势必会撞上失控的客船，翻覆就在顷刻间。桥上路人聚拢过来，有人不顾危险翻越桥栏向客船扔绳索，邻船上的船夫也在示警。瞬间，周围人的目光都聚焦在这艘船上。

再看桥上，人头攒动、摩肩接踵。地摊儿经济如火如荼，占道经营严重，道路狭窄、拥挤不堪。桥上两队人马一上一下，狭路相逢，互不相让，随行人员正在抻胳膊、撸袖子，展臂挥拳，剑拔弩张，预示着一场斗殴即将发生。两边的主人一个坐轿，一个骑马，古来文官坐轿，武将骑马。北宋治国重文抑武，按惯例武人见到文官，必须恭敬避让，画中骑马一方不但不让，而且所处位置居高临下，似乎预示着重用武人的时代随之而来了。种种场景相互交织成了画面的高潮。如果说河中大船是因玩忽职守陷入危机，桥上这两拨人的对峙，则显然是意气之争。这个细节表现让人玩味良久，感悟颇多。如果是一幅歌功颂德的画作，展现的应该是盛世繁华，又怎会把一场船难危机画在画面正中心呢？

汴河上的桥船险情

《清明上河图》像是一部纪录片，又像是一部风俗百科全书，真实地记录了中国十二世纪北宋都城汴梁在清明时节社会各阶层人民的生活景象，内容丰富，刻画生动，技法娴熟，用笔细致、线条遒劲，反映了画家高度精练的绘画功力，是北宋时期繁荣的见证，也是北宋城市经济的真实写照。这幅画是一幅具有重要考古价值和杰出艺术成就的旷世之作，在中国乃至世界绘画史上都是独一无二的。

《清明上河图》是一座图像宝藏，玩味画卷中东京百姓的日常，细细品味刻画的每个人物、景物，不禁令人感慨"世事洞明皆学问，人情练达即文章"。近年来有专家提出，这幅画出乎寻常地表现了一系列社会问题，不仅是歌颂盛世繁华，还蕴含着藏在繁华表面下的隐忧，凸显了北宋后期日益严重的社会危机，所以画家是在以曲谏的方式劝宋徽宗关注国家危机。无论观点真实与否，《清明上河图》都是宋代市民文化的历史图像见证，堪称人类艺术上的不朽奇迹。

画外有乾坤

HUAWAI
YOUQIANKUN

赏画
读诗

《东京梦华录》（节选）

作者：孟元老

"……正当辇毂之下，太平日久，人物繁阜，垂髫之童，但习鼓舞，斑白之老，不识干戈，时节相次，各有观赏。灯宵月夕，雪际花时，乞巧登高，教池游苑。举目则青楼画阁，绣户珠帘，雕车竞驻于天衢，宝马争驰于御路，金翠耀目，罗绮飘香。新声巧笑于柳陌花衢，按管调弦于茶坊酒肆。八荒争凑，万国咸通。集四海之珍奇，皆归市易，会寰区之异味，悉在庖厨。花光满路，何限春游；箫鼓喧空，几家夜宴。伎巧则惊人耳目，侈奢则长人精神。瞻天表则元夕教池，拜郊孟享。频观公主下降，皇子纳妃。修造则创建明堂，冶铸则立成鼎鼐……仆数十年烂赏叠游，莫知厌足。"

【赏析】

此选段是《东京梦华录》序文节选，对全书内容做了提纲挈领的概括，所有描述在书中各有具体体现。东京是北宋首都，"梦华"即黄帝梦华胥之国，书名中已见南渡后缅怀北宋盛时的情怀。选文中追忆汴京之繁盛，从人物繁阜和四季佳节着笔，衣食住行皆有，声色视听兼备。社会各领域，一起展现，似为北宋汴京的百科全书，又似张择端的《清明上河图》，只是一者是语言事实，一者以线条为媒介而已。作者铺张扬厉，河倾海溢，种种物象进跳在笔触之间，奔赴纸面，为后文做了铺垫。

文史链接

"宋代说话"的发展

"宋代说话"的渊源可以追溯到远古时期的"说故事"。唐代时，说话发展成为一种独立的技艺，宋代是说话技艺发展的黄金时期。宋代的说话表演，除了在城市的勾栏瓦舍、酒楼茶肆和节庆庙会表演，还有街头的流动演出。说话艺人为了增加收入，在表演过程中引入广告宣传，同时也加强了与观众的互动。"宋代说话"具有普遍化、世俗化、专业化和商业化的特征。市民阶层是宋代说话的主要受众群体，他们的文化水平普遍不高，这直接影响到他们的体验程度，但总体上说，"宋代说话"满足了市民阶层的审美需求。

"宋代说话"繁盛的原因有很多，商品经济的发展、城市格局的变动、社会政局的安定、文化享乐的盛行、市民阶层的形成、休闲时间的充裕、娱乐行业的发达、统治阶级的提倡都是重要的影响因素。宋代话本小说的表现方法、艺术形式和题材选择，对元、明、清小说戏剧的创作产生了重大的影响。同时，"宋代说话"顺应了宋代文化由雅入俗的趋势，以通俗的方式向大众传播文化知识。

参考文献

王秋利. 宋代说话研究 —— 以北宋东京和南宋临安为考察中心 [D]. 河南：河南大学，2009. DOI:10.7666/d.y1484257.

素养实践

扫二维码，看真题链接 + 答案

柒 《富春山居图》

江山合璧　春色永驻

《富春山居图》（剩山图卷）

元代 / 黄公望

纸本水墨，横 51.4 厘米，纵 31.8 厘米

现藏于浙江博物馆

《富春山居图》（无用师卷）

元代 / 黄公望

纸本水墨，横 636.9 厘米，纵 33 厘米

现藏于中国台北故宫博物院

艺术史实
YISHU
SHISHI

富春山居图

《富春山居图》的笔墨意趣。

名家简介

　　黄公望（1269—1354），元代著名山水画家，与吴镇、倪瓒、王蒙合称"元四家"。黄公望本姓陆，名坚，江苏常熟人，因过继给永嘉黄氏为义子，故改姓黄，名公望，字子久。其绘画风格从董源、巨然，兼修李成法，又得赵孟頫指授，集各家所长，又别具一格。他融合自身对自然实景的真实感受，一生绘作甚多，具有较高的艺术成就。《富春山居图》是其最具代表性的作品之一，被称为"画中之兰亭"。时至今日，《富春山居图》这一传世名作仍然在现代绘画领域有较大影响力。

图像识读

　　黄公望的《富春山居图》画在六张纸上，把这六张纸接裱而成一幅长卷。画面以初秋时的富春山为主题，山间江畔层峦叠嶂，云树苍苍，其间有村落、渔舟、小桥、亭台隐匿在山林之中。黄公望十分注重山川美景的整体布局，整幅长卷用墨淡雅，山水树木疏密得当，墨色浓淡干湿并用，简约利落，又极富变化性，这些都充分体现了黄公望超凡脱俗的艺术境界。

选择长卷的构图形式展现"画中游"富春江。

　　在构图上，黄公望的《富春山居图》打破了宋代常用的"全景式"，采用了长卷的形式，从横向表现了富春江两岸的景色。画卷从右至左缓慢展开，视点基本上在同一水平线上横向平移，这样的构图形式在空间布局上显得十分自然亲切，既符合富春江两岸的地形地貌，也符合人们的正常视野，令人赏心悦目。画卷中山峦由近及远，层层推开，山石的起伏变化充满节奏感，画家正是通过经营画面中每段的节奏感来把握整个画面布局的。长卷的构图形式让画家不再受画面尺幅的限制而中断创作思路。黄公望在作画期间反复游历富春江两岸，并随身携带纸笔，看到美景便会记录下来，将不同时期游历所见之景组织进画卷中。横向无限延展的长卷式构图为黄公望提供了表达情感的空间，使他的描绘更加自由。

　　黄公望在宋代郭熙"三远法"的基础上，又提出"山论三远"论，即"山论三远：从下相连不断谓之平远，从近隔开相对谓之阔远，从山外远景谓之高远。"① 郭熙的"三远法"是针对传统"全景式"构图所提出的，而黄公望的"山论三远"论则更加符合长卷的构图形式。黄公望将"山论三远"论运用在其画作之中，将平远、高远和阔远相结合，带来了不一样的构图形式。《富春山居图》近景多为坡石、树木、房屋等，远景多为起伏变化的山峦，江水则被安排在画面中间的位置，将近景与远景相分隔，营造了"一河两岸"之景，有助于拓宽视觉，增加整体画面的"阔远"之境。江水呈曲形贯穿整个画面之中，时而作为近景出现，配以一孤舟江上垂钓；时而又作远景出现，宽广辽阔，一望无际，江水与山石树木的不同组合构成了画卷中每一处精彩的场景，整幅画卷极具流动性。《富春山居图》宽三十多厘米，长达六米多。随着画卷的徐徐展开，观者会有"移步换景"之感，观画亦如观景，仿佛与黄公望一同在"画中游"，置身于富春山之中，游于富春江之上。

《富春山居图》（局部）元代　黄公望

"墨分五色"尽显富春江的湖光山色。

　　黄公望认为过分追求色彩便会使山水失去本真与纯净。因此，他在绘画时注重保留水墨原有的样态，善用笔墨变化经营画卷的每个部分。《富春山居图》全卷用墨清新淡雅，以纯水墨的表现手法，虽然看似单一朴素，实则干、湿、浓、淡、焦的墨色变化尽现其中。黄公望在《写山水诀》中提到，"作画用墨最难，但先用淡墨积，积至可观处。然后用焦墨浓墨，分出畦径远近，故在生纸上有许多滋润处。"② 他指出在作画时墨法的运用

　　① 潘运告．《元代书画论》之黄公望：《写山水诀》[M]．长沙：湖南美术出版社，2002:419.

　　② 潘运告．《元代书画论》之黄公望：《写山水诀》[M]．长沙：湖南美术出版社，2002:426.

是最难的，画面中的墨色不是一蹴而就的，应先从淡墨开始着笔，层层积累，最终做到浓淡相宜，足见其对墨法运用的重视。黄公望在绘《富春山居图》时，山体多用淡墨或留白，淡雅秀丽；山石多用干枯的淡墨，并施以或浓或淡的点苔；树木多用湿墨和浓墨，不同的景物都有其不同的墨色表现。

近景中的树木墨色丰富，浓淡干湿相结合，凸显其苍劲有力，中景是大面积留白的江水和干笔淡墨勾勒的山石，与近景树木形成鲜明的墨色对比，远处的山体用干笔简单勾勒并结合湿笔淡墨进行晕染，远山极淡极简，若隐若现，令观者感觉云深不知处，给人无限遐思。画卷整体呈现浓淡相宜、枯润结合的墨色特点，尽显富春江的湖光山色，但全局归于平淡天真，这样的思想体现了元代画家的笔墨绘画意境。画家使笔与墨充分融合，进而将画作的意境与神韵发挥到极致。

审美感知

"有骨"的披麻皴，"没骨"的皴山石。

《富春山居图》中，黄公望的用笔十分讲究，他师承前人皴法，虽然其皴法主要以董源的披麻皴为主，但手法却大不相同。他一改宋代董源的短披麻皴为长披麻皴，使画面中线条有疏有密，长短不一，运笔时慢时快，慢时成熟稳重，快时自由流畅，线条极具表现力，让画面充满线性节奏。在皴法表现上，他改湿笔晕染为干笔皴擦，披麻皴多中锋用笔，使画面坚毅肯定，笔触清晰，山石的轮廓与笔墨的皴擦紧密相连，边勾边皴，勾皴结合，勾皴点染交替进行，营造出和谐统一的氛围。他在坡石的表现上侧锋用笔，主次分明。画卷中树木众多，大多采用米氏的横点，用笔丰富而概括，凸显了画面的横向延伸感，这皆为黄公望晚年骨法用笔的体现。

《富春山居图》（局部） 元代　黄公望

　　黄公望在处理笔墨关系与描绘景物之时，像元代赵孟頫所提的"书画同源"那样，"以书入画"，将书法中的点、线等元素融入绘画中，使画面中的线条更富有书法的节奏与韵律，这样不仅增强视觉感受，还能触动人心灵。黄公望的画中笔墨虚实相生，极具书法韵味。他主张以书法的书写结构来构筑山石树木的"筋骨"，通过"有骨"的披麻皴表现"没骨"的皴山石，赋予披麻皴更加重要的意义。

笔墨"留白"诗意在。

《富春山居图》（局部） 元代　黄公望

　　留白是中国画独特的表现手法之一，《富春山居图》中留有大面积的空白，这样就与充满笔墨意趣的山石树木交相呼应，虚实相生，给人留下充分想象的空间，使得静态的山水画富有活力，焕发生机。宋代郭熙在《林泉高致》中提到，"凡经营下笔，必合天地。何谓天地？谓如一尺半幅之上，上留天之位，下留地之位，中间方立意定景。"意思是说作画时，应在画面上部留出空白之处，下部也留出空白之处，中间才是作画的地方。这说明我国画家在绘画之初，首先要理解的是天、地、人三者之间的关系。《富春山居图》的上面留出了天的位置，淡淡的远山与之相接，虚无缥缈，若有若无；画卷的下面留出了地的位置，清澈的湖水与之相接，以孤舟江上垂钓点缀，若隐若现；画卷的中间是主体部分，山体之间连绵不绝，与树木相映生辉。天地的"虚"与山体的"实"相结合，构成了虚实相生之境。留白是画家故意为之，也是其心中所想，黄公望借此将心境寄托于广阔的天地之间，所言之物不仅是画作中的山水景致，更是笔墨之外婉转悠扬之思，好似一首抒情诗，具有超然物外、韵味悠长之美。

艺术拓展

　　画家创作风格的形成与其所置身的社会环境是密不可分的。相较于前朝，元代的社会风气、文人地位都发生了较大变化，表现出自身的特殊性，这些变化影响了文人群体的地位和心态，置身于此的黄公望不可避免地会被时代洪流所波及，他的人生选择与艺术观都受到了极大的影响，而这些变化也在其艺术作品中略见一二。黄公望在《写山水决》中提到"画不过意思而已"，意思是绘画并不是一挥而就的，而是可以修改的，画作超脱了对错与形似的限制，走出了凡尘与景物的桎梏。画家心态更加从容，绘画时更加自由轻松，这就使画面达到物我合一的境界。

　　明代的董其昌在作品的题跋中感叹道："展之得三丈许，应接不暇，是子久生平最得意笔。""吾师乎！吾师乎！一丘五岳，都具是矣。"除董其昌之外，还有许多文人墨客都对这幅作品表达了自己的赞赏之情。此画作体现出了独特的艺术特点、丰富的文化内涵和高雅的精神境界，被称为"画中之兰亭"。这幅作品将简洁的画面、深远的意境与江南水乡的特点完美融合并充分展现。人们对《富春山居图》这幅作品的评价不仅只针对画作本身，更是通过画作来感悟人生，理解意境。这幅作品还对后世产生了深远的影响，在明代董其昌、清代"四王"等诸多画家的著作中都能看到黄公望的思想与技法的影子。《富春山居图》的影响力也超脱了时间与空间的界限，不仅在国内被奉为圭臬，其声誉甚至远播海外，成为世界艺术殿堂中的光艳夺目的瑰宝之一。

画外有乾坤
HUAWAI YOUQIANKUN

赏画读诗

《与朱元思书》

作者：吴均

> 风烟俱净，天山共色。从流飘荡，任意东西。自富阳至桐庐一百许里，奇山异水，天下独绝。
>
> 水皆缥碧，千丈见底。游鱼细石，直视无碍。急湍甚箭，猛浪若奔。
>
> 夹岸高山，皆生寒树，负势竞上，互相轩邈，争高直指，千百成峰。泉水激石，泠泠作响；好鸟相鸣，嘤嘤成韵。蝉则千转不穷，猿则百叫无绝。鸢飞戾天者，望峰息心；经纶世务者，窥谷忘反。横柯上蔽，在昼犹昏；疏条交映，有时见日。

【赏析】

从富阳到桐庐的乘舟行旅中，围绕"奇异"展开描绘。首先是水之奇——浅青色的江水深而见底，游动的鱼和细小的石头一览无余。随着作者的笔触沉浸在这种静态之美中，那如骏马飞箭一般的江水也尽收眼底。其次是山之奇——山势"竞上""争高"，犹如有生命一般奋发向上，直上青天。山泉欢快灵动，清越水声、嘤嘤鸟鸣似是天籁。当然，优秀的作品讲究情景相生。文末的"望峰息心"与"窥谷忘返"委婉表达出一种对功名利禄的鄙弃和对官场厌倦的态度。这是抒发作者崇尚自然，向往自由的情志，也是对友人的规劝，希望他早日远离官场，隐逸山林。

"春江钓徒"郁达夫

1896 年，郁达夫出生于景色如画的富春江畔。他在这一方山水温暖的怀抱中成长，富春江给了他温暖和慰藉，更给了他文学创作的灵感与情思。在他的作品中，富春江一直是主角或背景。元代李桓的《富春舟中》写道："天下佳山水，古今推富春。"在这样的山水熏陶中，郁达夫年少就创作出清丽的诗文："家在严陵滩上住，秦时风物晋山川。碧桃三月花如锦，来往春江有钓船。"离家远行后的郁达夫，始终眷恋着富春江的山水。他在日本留学期间用笔名"春江钓徒"发表了许多诗作，忧郁浪漫的气质潜藏在这些文字当中。除了风景独绝，富春江的历史底蕴中还有浓厚的隐逸文化，这也给郁达夫以潜移默化的影响。他的名篇《钓台的春昼》中就充满了遁世的色彩。他不满现实而又无力抗争，忧国忧民而又报国无门，于是渴望回到自然山水中，去疗愈心中的伤痛，寻找心中的净土。郁达夫以细腻又充满激情的文字，记录了故乡的山光水色，世俗风貌，为后人留下了可贵的山水人文"画卷"。

参考文献

鹿义霞. 富春江上郁达夫 [J]. 博览群书，2017，0（7）:71-75.

素养
实践

扫二维码，看真题链接＋答案

萬山紅遍層層林
畫陳先生兩有所去寫
毛主席
詞意于
北京西

捌 《万山红遍》

为祖国山河立传

《万山红遍》

近现代 / 李可染

纸本设色，横 46 厘米，纵 70 厘米

现藏于北京画院

万山红遍

为什么用大片的红色表现山水？

画家简介

　　李可染（1907—1989），江苏徐州人，是我国 20 世纪影响深远的艺术大家。他不仅擅长画山水，而且画牛也很有特色。他的作品既体现了传统功力与文化修养，又具有鲜明的时代气息，在中国近现代美术史上具有继往开来的意义。在继承传统、深入生活的基础上，他积极地对中国画进行革新实践，尤其在以积墨手法表现逆光方面形成了独特的艺术风格，在现代绘画史上留下了浓重的一笔。他主张"可贵者胆，所要者魂""用最大的功力打进去，用最大的勇气打出来"，使古老的山水画艺术获得了时代的新生命。李可染始终怀着历史使命感和对民族文化的自豪感全身心地投入创作。

艺术识读
YISHU SHIDU

图像识读

《万山红遍》画面中一座大山迎面扑来，如同纪念碑一样顶天立地，气势磅礴。近景的树木按大小层层推进，中景是巍峨的主峰，左侧远处的重重山峰表现出了深远感。画面用艳丽的朱砂色为主调，强调"遍"和"满"，风格浓艳静穆。浓烈的色彩、严谨的构图，充分表现了"万山红遍，层林尽染"这一动人心弦的诗意，体现着艺术家炽热深沉的情怀。

满幅构图，气势逼人。

画面在构图上，呈现出李家山水中典型的"丰碑式构图"和"门板式构图"，巧妙构成了"两度半空间"。传统山水画里，画面上下总会留出很大空白，然而李可染偏偏截掉了峰峦和坡脚，采用了不留余地的满幅构图。这就迫使观众的视线集中于山体，让观众产生如同仰望纪念碑一般的震撼感。此外，李可染还刻意减弱透视，强化平面感：画面主景的七八层山几乎被压缩到同一个平面，像门板一样垂直地堵在观众面前。如此，山体造型的视觉冲击力被极大地强化，凸显出群山的气势。

局部一

局部二

色彩浓烈，动人心弦。

李可染以浓重强烈的朱砂红色为主色调，给人以"万山红遍，层林尽染"的震撼视觉冲击力。浓郁的色彩表现出祖国山河雄浑的意境和挺拔的气势，营造张扬、奔放、热烈的爱国情怀。画面以浓厚的墨色为底，待墨色表达充分以后，再敷以朱砂，并与朱膘、赭石等色呼应。李可染在消化和吸收了"积墨法"的精髓之后，将之演变成"积色法"，并结合西方绘画中的明暗法，在积墨和积色的同时注入了光色变化的视觉效果，在红色山脉微妙的冷暖变化中，塑造出祖国山河"万山红遍"的全新艺术形象。

光线运用，静穆深邃。

李可染对光的表现是山水画发展史上的一大贡献，他将"光"元素运用到中国水墨画中，又将西画中的明暗关系转换成墨色层次，用墨色层次来替代传统水墨中各种皴法的运用。逆光下的红色山水传达出静穆深邃的意境之美。

逆光的使用

审美感知

师古人临摹。

李可染不断深入学习传统书画，早年向石涛、八大山人、王石谷等人学习，后师从齐白石，学他的用笔方法，又从黄宾虹那里学积墨法，最后更是上追唐、宋。李可染师从齐白石十年，几乎难以见到他临摹齐白石的作品，他学的是齐白石的根本、齐白石笔墨里的魂，这便是李可染在绘画上难能可贵的勇气。

外出写生，组合再造。

李可染一生中四次长途跋涉，进行户外写生：1954年在江、浙、皖写生；1956年在江、浙、川写生；1957年访德国时写生；1959年又赴桂林写生。他通过对大自然进行近距离观察与探索，深入发现大自然的美。李可染以写生为基础，创作出的山水画呈现出一种全新的面貌：生动、丰富、真实。

对比颐和园的谐趣园实景照片，可以看出他的写生并不是照搬自然，而是主动地处理画面，一次次调整画面，综合而全面地传达出当下的本初感受。写生创作既要忠实于对象、感觉，又要进行裁剪、组织等。他提出了"采一炼十"的主张——真正的艺术创造犹如冶铁，必须对矿石进行提炼加工，必须付出多于采矿十倍的艰辛才能获得成功。

谐趣园实景　　　　　谐趣园写生稿一　　　　谐趣园写生稿二　　　　　谐趣园

外师造化，中得心源。

长征 1978 年　　　　百万雄师过大江　1964 年　　　　井冈山 1976 年

李可染后期的艺术风格的变革是他不断进行艺术探索的结果，也是他山水审美理想的最高体现。他画的是大自然，观照的是历史和人生。他把齐白石的敢独造、黄宾虹的深厚墨法和林风眠扩大传统山水画视觉观念的精神融会贯通。他多次把石涛的"墨团团里黑团团，墨黑丛中花叶宽"题在作品中，以启发自己去揭示中国画的墨韵之美。积墨法表现出的黑和厚显示出山河之魂和民族之魄。这种积墨法是与逆光相结合的创造，形成了李可染山水"黑山逆光"的特有图式。

"外师造化，中得心源"，他以"可贵者胆""所要者魂"的魄力，以最难表现的毛泽东诗句为题材，创作了一批经典佳作，如《长征》《万山红遍》《百万雄师过大江》等。在"外师造化"的探索中，获得中国画"心源"的最高境界。

艺术拓展

直面时代，让中国画重获生命力。李可染找到的突破口，就是在继承传统的基础上，不断吸收借鉴外来文化的精华，在学习黄宾虹的"积墨法"的同时，把西方绘画"用光"的技法引入中国画，成为中国新山水画的一座高峰。李可染说，有人认为中国画已经走向穷途末路，而他从东方，看到了曙光。

《万山红遍》完整地展现了一代大师举世无双的艺术风格与审美境界，与此同时，它也无声地讲述着李可染在二十世纪为中国画的继往开来进行的艰苦卓绝的求索，为山水画的传承革新开辟的超凡脱俗的天地。

李可染认为山水画是对祖国和家乡的歌颂。他曾说，中国人不讲究风景，而是讲山水，在我们的观念中，山水、河山、江山，就是祖国。而山水画要表达的情感主要是爱祖国、爱家乡的情感。《万山红遍》本身带有强烈的革命情感，加之作者对祖国山川的热爱，这两种感情被熔铸于画面，通过对山川的系统刻画，营造出气势恢宏、山河壮哉的红色意境之美，在静谧中包含着无限的精神信仰与含蓄的张力。同时，李可染不断地进行突破创新，大胆地将中国红与中国水墨结合在一起，营造出热情洋溢的爱国氛围。远处色彩感强烈的山峰与中景处中国红主峰交相辉映，表达出他的博大胸怀和强烈的民族情感；近处婀娜多姿的树木与其上淡黄色的嫩芽，体现出他对生命的渴望和对生活的赞美；还有山间的白色小屋和弯曲绵延的小溪、飞流直下的瀑布，无不透露出一股向上的生命力。

《沁园春·长沙》

作者：毛泽东

独立寒秋，湘江北去，橘子洲头。

看万山红遍，层林尽染；漫江碧透，百舸争流。

鹰击长空，鱼翔浅底，万类霜天竞自由。

怅寥廓，问苍茫大地，谁主沉浮？

携来百侣曾游。忆往昔峥嵘岁月稠。

恰同学少年，风华正茂；书生意气，挥斥方遒。

指点江山，激扬文字，粪土当年万户侯。

曾记否，到中流击水，浪遏飞舟？

【赏析】

诗歌上阕，一个"看"字总领，着重描绘一幅色彩绚丽的秋景，充满了大自然"竞自由"的勃勃生机。"万山红遍"是烈火，是光明，是革命的象征，更是对祖国前途乐观的憧憬。几种典型景物的描写，如鹰击长空、鱼翔浅底等，是作者对自由解放的向往与追求。远近、动静相结合，为下阕要抒发的雄心壮志，做了充分的铺垫。

下阕虽以抒情为主，但也包含了对景物的描写。以峥嵘形容岁月，将岁月化为有形高峰，表现出巍峨奇丽的崇高之美；以奋勇进击，劈波斩浪的宏伟画面，传递出催人奋进的信心与力量。总之，《沁园春·长沙》是一篇景中有情，情中显志的佳作。

"诗中有画　画中有诗"

"诗中有画，画中有诗"是苏轼对王维的评价。苏轼评价其"味摩诘之诗，诗中有画；观摩诘之画，画中有诗。"

王维的大多数诗是山水田园之作，在描绘自然美景的同时，还体现出王维闲居生活中闲逸的情趣。他的写景诗，常用五律和五绝的形式，篇幅短小，语言精美，音节较为舒缓。王维从中年以后日益消沉，在佛理和山水中寻求寄托，他自称"一悟寂为乐，此生闲有余"（《饭覆釜山僧》）。过去时代不少人推崇王维的此类诗歌，一方面是因为它们具有颇高的艺术造诣，另一方面是对其中表现的闲情逸致和消极思想产生的共鸣。

素养
实践

扫二维码，看真题链接＋答案

名作鉴赏
MINGZUO
JIANSHANG

玖 《江山如此多娇》

大美江山

《江山如此多娇》

当代 / 傅抱石、关山月

纸本设色，横 900 厘米，纵 650 厘米

现藏于北京人民大会堂

江山如此多娇

"多娇"在画面中是如何体现的？

名家简介

　　傅抱石（1904—1965），江西南昌人，新金陵画派代表人物，曾任中国美术家协会副主席、江苏省中国画院院长、南京师范学院教授等职。傅抱石是 20 世纪中国美术史上最杰出的画家之一，他早年从事中国美术史的教学与研究，并擅长山水画创作，其作品构思巧妙、用笔飘逸、气势奔放。作为从旧时代进入新中国的艺术家之一，傅抱石在创作中一直都在主动思考中国画的变革，无论是在精神主旨、思想观念上，还是在表现技巧上，他都在秉承传统的基础上勇于革新。在 20 世纪 50 年代，因被毛主席的诗词深深感染，他开始探索创作毛泽东诗词意境山水画，如《长征》诗意图、《沁园春·长沙》词意图等，这些画都形象地再现了毛主席诗词中所反映出的广阔胸襟和豪迈气概。

关山月（1912—2000），原名关泽霈，广东阳江人，岭南画派代表人物，曾任中国美术家协会常务副主席，广州美术学院教授兼院长、广州画院院长等职。关山月是 20 世纪后半叶中国画坛上的巨匠之一，他在艺术上始终注重深入生活、感受自然，并前往全国乃至世界各地写生，坚持艺术创作，这为他后来的艺术创作奠定了坚实的基础。关山月的作品在继承传统技法的基础上，积极吸收西方绘画中的元素，在不断融合中实现了创新和发展。他的作品展现出了其主动关注社会现实生活的思想倾向，并在画面的表现上追求展现社会主义时代新风貌和新生活。其代表性作品主要有《漓江万里春》《绿色长城》《俏不争春》和《新开发的公路》等。

图像识读

《江山如此多娇》集中描绘了最能代表祖国壮丽河山和民族精神的景象。画面由雄浑的山岩和苍劲的松柏等近景逐渐向远方延伸，展现了盘卧在群山峻岭中的万里长城、跌宕起伏的峰峦、蜿蜒的长江、"九曲"黄河、广袤的平原和辽阔的东海，以及白雪皑皑、错落有致的绵绵山岳。天空中一轮红日照耀着祖国的锦绣山河，象征着生机勃勃的新中国，整幅画作壮丽辽阔、笔墨淋漓、大气磅礴、令人振奋。

在这幅作品创作初期，两位作者着重表现了"北国风光，千里冰封，万里雪飘"的意境，在陈毅副总理、郭沫若和吴晗等同志的建议下，确定了画作重点应在"多娇"上做文章。于是，傅抱石和关山月尝试摆脱思维的局限，在《沁园春·雪》的关键词意启发下展开想象，通过山峦、古松、"五岳"、雪山，还有长城、黄河、长江、东海等视觉形态，映现了诗词所描述的"千里""万里""长城内外""大河上下""山舞银蛇""原驰蜡象"等多娇形象。尤其是"世界屋脊"和红日东升形态的出现，又进一步对应了诗词中"天公""晴日"和"今朝"等多娇景象。这些具有象外之象的视觉形态既包蕴了时空的跨越，也形成了静与动的对比，既使画面生动壮丽，又使画面呈现出诗词中浪漫雄浑的豪壮情境。

雪山与"五岳"（局部）

长江与黄河（局部）

名作里的传统文化

090/091

长城与东海（局部）

山峦与古松（局部）

　　作品通过"多"体现画面的气势，通过"娇"体现意境的美好，以此使画面与诗词在"多娇"上实现了同构。画面中，地理上的东西南北和季节上的春夏秋冬，通过画家的精巧构思和富有激情的挥毫泼墨，巧妙地融入在同一幅作品中，表现出祖国江山的辽阔博大、多姿多娇！

审美感知

　　大美之境是作品《江山如此多娇》的特色所在，其画面从视觉结构到表现方法再到整体情境，分别体现了均衡之美、节奏之美和壮丽之美。

均衡之美

　　均衡之美是大美之境的结构支撑，其主要体现在形态位置的分配与画

面的视觉平衡上。作品以传统山水画的"经营位置"为构图基础，保证了山水造型疏密组合的"均"与视觉上的"衡"，画面呈现出既秉承传统又富于革新的形式美感特征。

作者通过三个三角形的视觉布局，把要表现的重点景物造型分为上、中、下三个部分，即上部的雪山、红日和东海，中部的长城、"五岳"和江河，下部的青山和松柏。从整体上看，画面下部和上部的"三角形"所包含景物的面积相对较小，而中部虽然只有一个"三角形"，但其包含的景物面积却相对较大，这种造型安排实现了画面的视觉平衡。其中，红日在画面的均衡之美中起了关键性作用，当多数景物造型都相对集中在画面左侧时，红日的出现与之产生了一种呼应关系，这种大美意识，使得画面结构形成了视觉的稳定性及和谐美。

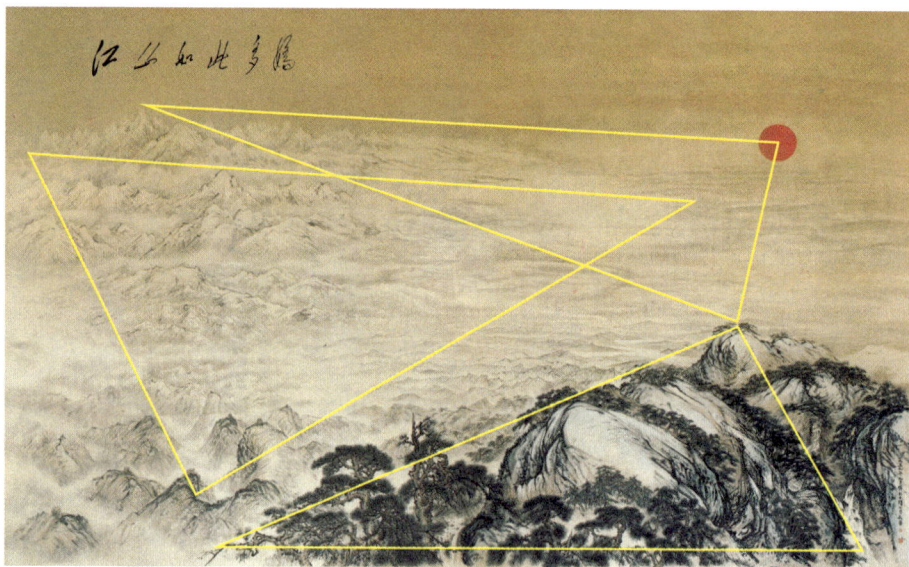

"均衡之美"画面结构分析图

节奏之美

节奏之美是大美之境的视觉充实，其主要体现在造型大小和虚实变化，以及近景、中景和远景中的技巧表现上。作者经过不同大小造型的对比和连续的虚实处理，使画面产生了富有韵律感的视觉节奏。

作者把处于近景的山、石和松柏设定为最大的形态，作为画面推向远方的起点，把处于中景的江河与平原处理为较小的形态，与山、石和松柏形成强烈对比。之后从位于中景的长城和群山开始，以渐变的方式由实向虚进行了秩序化推移，引导观者将视线停留在红日上，使红日成为整幅画面的视觉焦点。

在技法表现上，两位画家都本着"笔墨当随时代"的原则，从全局出发，既保留了各自的绘画风格，又体现出和谐统一的视觉效果，做到融会贯通、融合创新。比较之下，傅抱石更善于整体意境的把握，关山月更擅长具体物形的塑造，因此画面中的大海、江河、瀑布及山石等，主要由傅抱石负责处理，松林、长城和群山等主要由关山月完成。在山岩和江河大海的处理上，傅抱石分别融入了披麻皴、斧劈皴和抱石皴等，奔放而潇洒；在群山的表现上，关山月以线塑形，线中带面，使群山呈现一定的明暗关系，展示了他的写生功力；在色彩的选用上，他们以花青色和赭石色为主，同时也含青绿和浅绛的用色成分，体现了明显的综合性。从整体画面上看，近景富有张力的浓墨与中景洒脱的墨韵和远景幽微的淡墨形成了丰富的节奏变化，助力作品的大美之境。

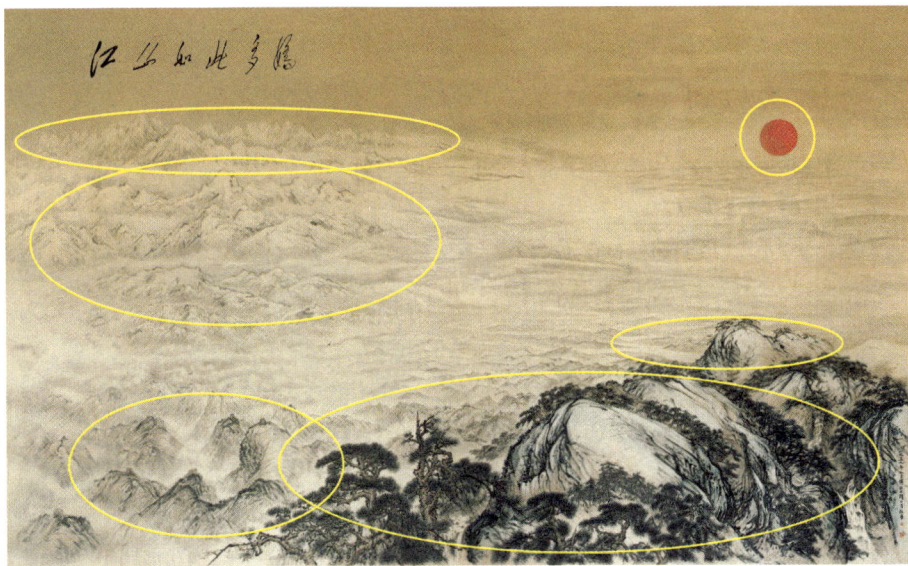

"节奏之美"细节表现分析图

壮丽之美

壮丽之美是大美之境的内涵显现，其主要体现在画面宏大与丰富的寓意上。作品鸟瞰式的宏大场景，仿佛只有宇航员才能感受到这种博大的宇宙感，以跨越时空的大美场景寄意着新中国的壮丽风貌。

作者运用了综合透视法，突破了时空限制，以"欲与天公试比高"的画面气势，通过五个区域的划分，将东部的平原、大海、日出，南部的山石、树木，西部的雪域高原、"世界屋脊"，北部的群山、长城及中部的江河、"五岳"精妙地汇集于一个画面之中，从而形成一个有机的"共同体"。这种大空间的艺术表达方式，不仅形成了视野纵横万里的壮丽情景及意蕴深远的艺术境界，同时也展示出新中国生生不息的生命活力。

《江山如此多娇》宽广壮美的"全景式"构图是作品的突出特征。如此的大俯视、大场景、大气势，在中国现代山水画作品中极为少见。作品不仅创造了一个极具有中国气概的画境，还让祖国的壮美风物在画中"尽收眼底"，可以说是一件具有划时代意义的山水作品。

"壮丽之美"视觉感受分析图

  傅抱石曾说："我第一次读到毛主席的名篇《沁园春·雪》，心情无限激动。那气魄的雄浑、格调的豪迈、意境的高超、想象力的丰富，强烈地感染着我。"[①] 可见，画家被毛主席的伟大气魄、高超的诗作品格及毛主席对"多娇"中国的钟爱深深打动，是带着激情、使命感和敬仰之情进行创作的。为了使这幅巨作体现中华大地的"多娇"，国家为傅抱石和关山月特批调出了数张中国历史上最大的书画用纸——故宫库存的乾隆"丈二匹"，同时对其作画所使用的一些工具也进行了重新制作，如一米多长的笔杆，五六个供调色用的大号搪瓷盆。

  作品《江山如此多娇》是中国国家殿堂中最为重要的艺术品之一，中外贵宾通过这幅巨作可以感受中国的大美江山和宽阔胸怀。这幅作品，无疑有着重要的审美价值。首先，作为中国重大题材的美术创作，作品以传统中国画的形式，运用了现实主义与浪漫主义相结合的创作手法，将传统笔墨语言与反映时代新风貌的内容完美结合，为山水画的发展开辟了新的途径。其次，作为画面的一个重要组成部分，"红日"是一个具有代表性的视觉符号，在朱砂的渲染下，艳丽醒目，普照祖国大地，既展现了"红装素裹，分外妖娆"的大美意境，也成了新中国蓬勃向上的象征。同时，在美术作品中有人民领袖的题字实属罕见，《江山如此多娇》是由毛主席亲笔题字的国画作品，也是中国历史上迄今为止最大的纸本山水画。

---

① 万新华.傅抱石谈创作 [M].南京：江苏凤凰美术出版社，2020.

《沁园春·雪》

作者：毛泽东

北国风光，千里冰封，万里雪飘。

望长城内外，惟余莽莽；大河上下，顿失滔滔。

山舞银蛇，原驰蜡象，欲与天公试比高。

须晴日，看红装素裹，分外妖娆。

江山如此多娇，引无数英雄竞折腰。

惜秦皇汉武，略输文采；唐宗宋祖，稍逊风骚。

一代天骄，成吉思汗，只识弯弓射大雕。

俱往矣，数风流人物，还看今朝。

【赏析】

这首词分上下两阕。上阕首句"北国风光，千里冰封，万里雪飘"如画家挥毫，勾勒出一幅天地山川高远，却不失粉雕玉琢的飞雪图。画面中山川如银蛇舞动，白象在原野赛跑，赋予江山动态之美，更以一句"欲与天公试比高"赋予词作一争高下的豪迈之气。下阕话锋一转，历数的历史英雄豪杰统统都过去了，一概不在话下。点睛之笔是"数风流人物，还看今朝！"这一句道出作者的远大志向，更显示其伟大的气魄。

江山意象与英雄情怀

刘勰在《文心雕龙》中提出："若乃山林皋壤，实文思之奥府。"自然景观能够引发诗人思古幽情，创作出传世名作，也叫"山水之助"，如宋词豪放派代表人物辛弃疾，在作品中以江山表现出了豪迈情怀。《永遇乐·京口北固亭怀古》中，深沉喟叹"千古江山，英雄无觅孙仲谋处"。辛弃疾创作这首词时，已是暮年，心中始终挂念抗金救国之事。像孙权这样的雄才都已经无处可寻，壮志难酬，也只能是满怀悲愤。他生活在风雨飘摇的南宋末期，出生时中原已为金人所占领，幼年目睹金人对中原百姓的压榨，苦难深重的现实让他有着深沉的民族忧患意识，其毕生所追求的是"了却君王天下事，赢得生前身后名"。

素养
实践

扫二维码，看真题链接＋答案

蛙声十里出山泉

老舍仁兄教画　九五　白石

拾　《蛙声十里出山泉》

诗中有画　画中有诗

《蛙声十里出山泉》

近现代 / 齐白石

纸本水墨画，横 34 厘米，纵 129 厘米

现藏于中国现代文学馆

蛙声十里出山泉

《蛙声十里出山泉》如何表现声音？

名家简介

齐白石（1864—1957），原名纯芝，字渭青，号兰亭，后改名璜，字濒生，号白石、白石山翁、老萍、饿叟、借山吟馆主者、寄萍堂上老人、三百石印富翁，祖籍安徽宿州砀山，生于湖南长沙府湘潭（今湖南湘潭），是 20 世纪中国最负盛名、最具创造力和影响力的中国画大师之一。

他出身贫寒，早年做过农活，当过木匠，后以卖画为生。四十几岁时他"五出五归"，在远行游历中改变画风。五十七岁时定居北京，衰年变法，将淳朴的民间艺术与传统文人画风相融合，形成独特的大写意国画风格。

齐白石擅画花鸟、虫鱼、山水、人物，笔墨雄浑滋润，色彩浓艳明快，造型简练生动，意境淳厚朴实，其艺术主张"妙在似与不似之间"。他一生勤奋，砚耕不辍，自食其力，品行高洁，尤具民族气节，留下画作三万余幅，诗词三千余首，自述及文稿多卷。齐白石被评为"人民艺术家"，其艺术在中国近代美术史中占有重要地位。

艺术识读
YISHU SHIDU

图像识读

《蛙声十里出山泉》是齐白石 91 岁高龄时，应文学家老舍之邀所画的一幅水墨画。老舍在求画信件中说："老人赐绘二尺小幅四事，情调冷峻。蛙声十里出山泉，查初白句，蝌蚪四五，随水摇曳，无蛙而蛙声可想矣。""蛙声十里出山泉"出自清代诗人查初白写的一首诗，老舍希望齐白石能够用画表现诗句中的意境。

细长辗转，虚实相生。

《蛙声十里出山泉》长度大约是宽度的四倍，这个尺寸与老舍要求的"二尺"不符，显然齐白石经过了反复的思考确定了画幅的尺寸，此构图取势巧妙大胆，通过竖长的构图展现一条急湍的溪水在山涧流淌。

画面两侧用浓重不一的墨色画山石的神韵，中间大面积的留白处用变化多端的线条表现湍急的山泉。在画的正上方，用青色点了两座青青的远山。这样表现使画面虚实相生，给人"渐沉远翠峰峰淡"的感受。

《蛙声十里出山泉》

《山溪群虾图》

1926 年的《山溪群虾图》也采用了这种构图模式。在这样局促的空间中，齐白石画的虾挤而不乱，稳而不急，起伏辗转中，虾的动态各异，妙趣天成。

淳朴浪漫，稚趣浑然。

齐白石自小生活在农村，虽然生活艰苦，但家乡的一草一木及与长辈的亲情在其内心烙下了深深的印痕。生活的积累是齐白石绘画艺术的动因，为其创作提供了不竭的源泉。他以一个农民的质朴之情，以一颗率直的童子之心，运用妙趣横生的笔法，开创了文人画坛和民间画领域前所未有的境界，这也构成了齐白石绘画作品的主题风格。墨色对比强烈，色彩明快热烈，笔法稚拙，造型浑朴是齐白石独特的绘画艺术语言。

91 岁的齐白石在《蛙声十里出山泉》中创设了青蛙妈妈在画外呼唤她的孩子小蝌蚪的情境，展现了小蝌蚪争相向画外游去的画面，给观者呈现了一个生动鲜明、浮想联翩的艺术境界。

线条有力　　　　　书法题跋

审美感知

蛙声

此画不见一只青蛙，为何说"蛙声十里"？

生长于农村的齐白石对青蛙十分熟悉，《听取蛙声一片》和《鸣蛙》

画的都是水波荡漾的池塘，几只蝌蚪向岸上的青蛙游来。齐白石画过青蛙，也画过蝌蚪，他深知仅凭"蝌蚪四五，随水摇曳"，远不足以表达《蛙声十里出山泉》。

齐白石很重视绘画与声音的关系，《蛙声十里出山泉》中六只蝌蚪摇曳着小尾巴顺流而下，蝌蚪们不知道已离开了青蛙妈妈，还活泼地戏水玩耍。两个蝌蚪为一组，顺着泉水的方向分为上、中、下三组，好似还有更多的蝌蚪在山涧后面，或刚刚游出了画面。因为失去了孩子，青蛙妈妈还在大声呼唤，似乎那蛙声随着水声由远而近。

《听取蛙声一片》

《鸣蛙》

水声

除了画外的蛙声，观者仿佛还能听到湍急的水流声。从远山深处向下坠落的流水在巨石间跳跃，水流湍急而下，往来激荡。齐白石用线条编织出不同方向、不同速度的水流，将泉水与山石的碰撞、水流与水流间的回旋往复展现得淋漓尽致。山泉从高向低、由远而近，奔涌到画面前景，与山间激流相伴，仿佛能听见山泉悦耳的水流声。

虽然画面上不见一只青蛙，却使人隐隐如闻远处的蛙声和着奔腾的泉水声，正在演奏一首乐章，达到蛙声一片的效果。

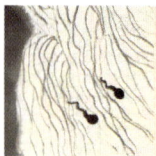

艺术拓展

《蛙声十里出山泉》诗中有画，画中有诗。

齐白石从小喜欢读诗，学作诗是从他27岁遇到人生中真正的第一位老师——胡沁园开始的。胡沁园说："你学学作诗吧，光会画画，不会作诗，总是美中不足。"他曾在《齐白石作品选集自序》中写道："作画凡数千幅，诗数千首，治印亦千余。国内外竞言齐白石画，予不知其究何所取也。印与诗则知者稀，予不知知者之为真知否？"他的许多题画诗不仅表达了他的思想、情怀、世界观、艺术观，更使他的绘画达到了一种较高的境界。

中国古代绘画讲究"诗画共存"。题诗于画面空处，一方面是以画的意境来呈现诗词的妙韵，另一方面则是以诗句的内涵来补充画作的意境，两者相得益彰、缺一不可。齐白石在《蛙声十里出山泉》中将诗意的抽象与画意的具象，完美地融于作品之中，既用传统笔墨实现了中国画"诗中有画、画中有诗"的高超境界，也再一次印证了中国传统绘画中耐人寻味的审美价值与生动丰富的表现力。

画外有乾坤
HUAWAI
YOUQIANKUN

赏画读诗

《次实君溪边步月韵》

作者：查慎行

雨过园林暑气偏，繁星多上晚来天。
渐沉远翠峰峰淡，初长繁阴树树圆。
萤火一星沿岸草，蛙声十里出山泉。
新诗未必能谐俗，解事人稀莫浪传。

【赏析】

诗作首联交代了写诗的时间、地点与季节——夏日雨后园林，夜空繁星满天。颔联远近结合，描绘了远处翠绿的层层山峰渐渐隐去，近处的树木新叶繁茂，棵棵浓密。这样含蓄的句子，颇有"沉舟侧畔千帆过，病树前头万木春"蕴含的哲理。颔联更是意蕴深厚，对岸的萤火虫如星星一般隐约可见，山泉里的蛙鸣叫声透过十里山溪传来。单文字本身，是清新亮丽、富有情致的。这也难怪著名作家老舍刻意挑出这句"蛙声十里出山泉"要求齐白石将其画出。当然为了自己的诗不被过分解读，诗人特意在最后含蓄地告诫人们，这不是随大流的诗，不懂就不要乱传了。

文史链接

齐白石绘画题材中的"乡味"

齐白石的山水画中流露着游子浓浓的乡愁。在其创作中，他多次以鸬鹚为符，秋水为谱，寄野趣逸兴。齐白石曾绘一幅《秋水鸬鹚图》，前景中有几只鸬鹚在水中游动，神态灵动；中景则是几株依依垂柳，用笔恣意；远景的坡岸描绘了几间屋舍，还有一老者拄拐过桥，朝家的方向走去。画面题款曰："堤上垂杨绿对门，朝朝相见有烟痕。寄言桥上还家者，羡汝斜阳江岸村。"前两句绘景足以感受到一位"湘上老农"对秀美村景的向往和老者归家的钦羡，直率地抒发了真切的思乡情怀。齐白石将柳树、杨林、小桥等家乡常见的景象融入山水画中，画景与人情交织，充盈着安闲逍遥而恬适温暖的乡土气息。

不仅是山水题材，齐白石在人物画中更是直抒胸臆地传达出对家乡及童年生活的深切怀念。1952年，九十二岁高龄的齐白石创作了《牧牛图》。画面中牧童腰上系着一个大铃铛，左手牵牛，老牛用重墨晕染，憨态可掬。牧童光着脚丫，极具乡土气息，画面闲适温馨。齐白石作画灵感多源自儿时的生活体验，故乡的每一寸土地都藏着其孩童时的记忆。垂垂老矣、行将就木之时，对齐白石来说，最难忘怀的还是儿时与祖母相伴牧牛的场景，祖孙间的真挚感情令人动容，也凸显出他朴实善良的农民本性。

【注】节选自：何可奕（浙江大学艺术与考古学）《人间至味是清欢——齐白石绘画中的家乡之味》

**素养
实践**

扫二维码，看真题链接＋答案

下篇

翰墨千秋
知白守黑

壹 《兰亭集序》

群贤毕至

《兰亭集序》

晋代 / 王羲之

褚遂良临本，横 88.5 厘米，纵 24 厘米

现藏于北京故宫博物院

艺术史实
YISHU SHISHI

兰亭集序

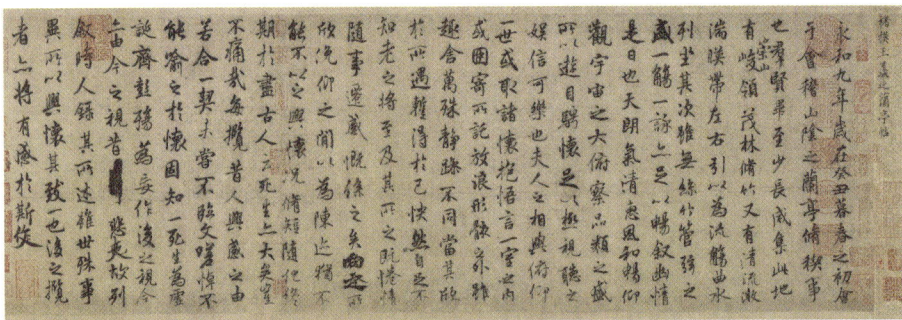

赏读《兰亭集序》

名家简介

王羲之，字逸少，是东晋书法家、文学家，与儿子王献之合称"二王"。

他官至右军参军，世称王右军。相传，王羲之 7 岁学书，12 岁读前人笔论。少时曾学卫铄，自以为学得不差。后渡江北游名山，见李斯、锺繇等名家书法，又在洛阳看到《熹平石经》及《华岳碑》，开始意识到自己的不足。于是他遍学众碑，从此书艺大进，创造了妍美流变的新风格，把草书推向全新的境界。他的行草书最能体现雄逸流动的艺术美。唐代诗人李白有一首诗《送贺宾客归越》："镜湖流水漾清波，狂客归舟逸兴多。山阴道士如相见，应写黄庭换白鹅。"诗中用王羲之书写《黄庭经》的故事，赞美好朋友贺知章的书法。王羲之常自称其书法和钟繇相比不相上下，和张芝的草书相比，也如同大雁排行。他还曾经写信给友人说东汉张芝临池学写字，池水都变成黑色，如果天下人能像张芝那样沉迷于书法，也不一定比他差。

艺术识读
——YISHU SHIDU

图像识读

《兰亭集序》的艺术面貌和审美价值。

王羲之当时学习了几乎所有书法、字体和大家的作品，这就为他的书法具有丰富的笔法奠定了雄厚的美学基础。再加上他追求个体生命的解脱，又有不拘一格的才情。所以王羲之的书法丰富而自然，穷尽了魏晋时代所有书法艺术的精华，创造了自然、流畅、雄健的书法风格和书法体制，系统改造了隶书、行书和草书，把书法的用笔之美发挥到了极致，引领了书法的潮流。王羲之的《兰亭集序》，翩若惊鸿，婉若游龙，不仅笔情绝俗，有抑扬之趣，更是天下公认第一行书。其态行云流水，其根入木三分，字字当真尽善尽美。

字形变化丰富。

《兰亭集序》中，凡是重复出现的字没有一个不变化的，绝美兰亭，奥妙不尽，亦在此。《兰亭集序》全文28行，324字，通篇遒媚飘逸，字字精妙，如有神助。

二十个"之"字，无一雷同，堪称书法史上的一绝。王羲之日后每每重写，皆不如兰亭那次的酒酣之作，宋代书法大家米芾更是称其为"中国行书第一帖"，许多喜爱书法作品的人为之心动，纷纷临摹。

从一个"为"的姿态、轻重就能感受王羲之道不尽的古今情。"翩若惊鸿，婉若游龙，荣曜秋菊，华茂春松。髣髴兮若轻云之蔽月，飘飖兮若流风之回雪"，世人常用曹植《洛神赋》中的句子赞美王羲之的书法之美。

用笔如有神助。

楷书的笔法历来被认为是各体书中最为丰富的、最具法度的笔法，如"永"字八法。因为几乎每笔都讲究起承转合，都要体现抑扬顿挫，就折笔来说就有内擫与外拓之别，所以楷书用笔的丰富性，似乎是无以复加的。行书为适应快速书写，在用笔的丰富性上自然要加以削弱，主要是以转笔代折笔。王羲之晚年书法改体体现在行书用笔的同时，还丰富了其用笔的内涵，这在他的《兰亭集序》中得到了充分的体现。

重侧势。南朝刘义庆在《世说新语》中云："王羲之书《兰亭》用蚕茧纸、鼠须笔，遒媚劲健，绝代更无。"可见王羲之是用了一支弹性极好的笔，属硬毫。用笔中锋的概念，似乎形成于唐宋之后，因那时用笔趋软，执笔较正，之前无用笔中侧之说，只讲顺逆、藏露。而晋人斜执笔、重运腕、硬毫侧锋取势。在运笔使转过程中，自然会有一种中侧的变化，其笔力强劲，不存在点画软弱之病。正如王羲之在《书论》中所云："先须用笔，有偃有仰，有敧有侧有斜，或大或小，或长或短。"对晋人而言，用笔八面出锋不但指行笔的方向，也包括了对笔毫各个面的运用。侧势用笔有刷掠的意味，使点画产生振动感，使点画显得生动而有姿态，也使笔力得以充分地体现。若用硬毫正锋写字，那是很难有变化可言的，也是难以成字的。重侧势也使行书的起笔更丰富生动。

"感"八面出锋

"固"侧锋外传

用笔牵引并多用翻。在快速书写的过程中，出现点画牵引是很自然的。牵引使点画的关系更为紧密，也更为微妙多变。《兰亭集序》中点画牵引既复杂多变又自然，这在其后的书法史中极为罕见。用王羲之的话说就是"游丝断而还续，龙鸾群而不争"（《用笔赋》）。当然，单有牵引还不能极尽变化，还需增加用笔的翻转。这就是唐虞世南《笔髓论》中所说的："其腕则内旋外拓而环转纾结也。旋毫不绝，内转锋也，加以掉笔联毫，若石璺玉瑕，自然之理。"旋毫翻转使笔锋不断凝聚在一起，使笔力得以增强。

"觞"旋毫翻转

"察"旋毫不绝

用笔多露锋。古人很早就注意到了用笔的藏露，如东汉蔡邕在《九势》中云："藏锋，点画出入之迹，欲左先右，至回左亦尔。"其实，用笔的藏露是相互转换、相辅相成的，这是一个笔锋调整的过程，也是一个节奏转换的过程。露锋取势，点画多生动而见性；藏锋蓄势，点画多含蓄而生情。用锋的藏露在《兰亭集序》中得到了充分运用，王羲之说："用尖笔须落锋混成，无使毫露浮怯，举新笔爽爽若神，即不求于点画瑕玷也。"（《书论》）尖笔落锋混成需要极强的笔力与自信，这也是晋唐行草笔法的精髓。

"所、以"起笔收笔不无露锋　　　"尝"笔锋藏逆

"悟"藏露相互转换

结构天然之美。

行书结构以欹侧为主，使字形显得生动而多变。《兰亭集序》的欹侧多依字形自然而变。由于笔势强劲，使字势开张，欹侧多能达到一种势的平衡。正如明代书画家董其昌《画禅室随笔》所云："字须奇宕潇洒，时出新致，以奇为正，不主故常。"结字潇脱，有新意是书家性情、风格的重要体现。王羲之曾云"适我无非新"，就是说为学为艺要不断求新，要超越时代的束缚，使性情在这个过程中得以彰显。

欹侧多依字形自然而变

章法变换之美。

从行气来说，通篇序文字形有大小，字势有左右的摆动，字距有松紧，在审美上给人以丰富的节奏与韵律的美感，从"杨春白雪"至"高山流水"，直至"超然物外"，序文行气以诸多因素的变化而定，前后呼应，因素变化小，则行气多显平和；因素变化大，则行气多显跌宕。从整体章法来说，前面多平和，后面多跌宕，有一个变化的过程，这与王羲之书写此文时文思缓急有关。他开始时情绪较为平缓，随着文思的涌动勃发，书写的速度自然不断加快，行气的摆动也就不断增强，至尾达到极点，所以

前半部分偏于行楷，后半部分偏于行草。王羲之不仅注重点画的关系，还注重上下字的关系，整篇序文介于章程书与行狎书之间，按现在的分法属于楷行，而非行草。

虽然说行书是在楷书基础上生发出的一种字体，似乎没有固定的法则，但王羲之的《兰亭集序》无形中有一种法度的意味，后来的行书也是在此基础上不断演变的，可以说《兰亭集序》为行书树立了法则，功不可没。

王羲之的书法超脱了礼法的束缚，从玄学中得到启发，崇尚老子的自然主义及庄子的达观通脱，从总体美学风格来看，定位于"守中"这一基本点上。其书法不追求情绪性的夸张，其书法技巧极其完备与娴熟，具有庄子"中才理论"中无懈可击的品质，使后世不管秉持哪种倾向的书法家都能在他这里找到法的依托与审美的起点。

审美感知

《兰亭集序》美在哪里？

王羲之尽兴而写的《兰亭集序》，除了书法之美，更值得关注的是人的价值的思考。在和光同尘、在世沉浮、悲喜交集的人生中，我们能做的就是长途跋涉的返璞归真。

带给欣赏者极大的时空想象。

《兰亭集序》给人无限的遐想空间，宇航员萨曼莎·克里斯托福雷蒂曾在国际空间站引用王羲之《兰亭集序》中的名句赞叹宇宙之美："仰观宇宙之大，俯察品类之盛，所以游目骋怀，足以极视听之娱，信可乐也。"

在创造性想象中，王羲之运用想象力去创造，希望实现清晰形象的"书法"，接着把注意力集中在这个思想上，借助文房四宝给予它肯定性的能量，直到最后使它成为客观的现实书法作品——《兰亭集序》。

艺术拓展

太宗魂牵梦萦，萧翼巧赚兰亭。

唐太宗李世民对《兰亭集序》情有独钟。他派人各处搜寻《兰亭集序》真迹的下落，在存世的《萧翼巧赚兰亭》中记录了唐太宗对《兰亭集序》的"追逐"。

唐太宗最喜王羲之书法，虽收集甚富，仍思念《兰亭集序》，常令人明察暗访。绍兴永欣寺有僧人辩才，为王羲之第七代孙僧智永嫡系的再传弟子，藏有《兰亭集序》，从不示人。李世民多次高价收之，不遂，故谋之。房玄龄荐监察御史萧翼以谋取《兰亭集序》。萧翼讨得王帖两三，着便服，饰书生，行至会稽。每日至永欣寺看壁画，引得辩才注意。萧翼以山东口音与之招呼，不若西北口音。彼此寒暄，引至内室。萧翼以琴棋书画、诗词歌赋与之言，甚稔。逾日，更十分投合，至晚留宿。引灯长叙，竟为知己。萧某拿出王帖与之观，辩才云："帖乃真迹，却非精品。"萧某叹曰："惜乎！《兰亭集序》虽有，今不得再见。"辩才使气，从房梁处取得《兰亭集序》以观之。萧某云："假"。二人争论之。一日，乘辩才不在，萧某取之，寻得驿长，以真面目示之，取绢三千匹、粮三千石予寺。于此强取豪夺得到《兰亭集序》。唐太宗御史萧翼从王羲之第七代传人的弟子袁辩才的手中将"天下第一行书"《兰亭集序》骗取到手，献给唐太宗。

萧翼赚兰亭之事，唐初即风扬。画家阎立本曾作画记录此事，但今佚。辽宁省博物馆藏有宋人临本。太宗殁，《兰亭集序》陪葬昭陵。苏东坡有诗"兰亭茧纸入昭陵，世间遗迹犹龙腾"之句，后世皆传《兰亭集序》的真迹陪伴王羲之的超级"忠粉"长眠于昭陵地宫。

字里有乾坤

ZHILI YOUQIANKUN

《兰亭集序》

群贤毕至

赏字
读诗

《兰亭集序》（节选）

作者：王羲之

　　夫人之相与，俯仰一世。或取诸怀抱，悟言一室之内；或因寄所托，放浪形骸之外。虽趣舍万殊，静躁不同，当其欣于所遇，暂得于己，快然自足，不知老之将至；及其所之既倦，情随事迁，感慨系之矣。向之所欣，俯仰之间，已为陈迹，犹不能不以之兴怀，况修短随化，终期于尽！古人云："死生亦大矣。"岂不痛哉！

　　每览昔人兴感之由，若合一契，未尝不临文嗟悼，不能喻之于怀。固知一死生为虚诞，齐彭殇为妄作。后之视今，亦犹今之视昔，悲夫！故列叙时人，录其所述，虽世殊事异，所以兴怀，其致一也。后之览者，亦将有感于斯文。

【赏析】

　　《兰亭集序》上文节选部分，记录了王羲之与友人在兰亭相聚，饮酒赋诗，并将聚会中诗赋辑成一集，写下此序的缘由。行云流水的语言描绘出如画美景；起承转合之自然，抒发着对生命局限性深刻而凝重的感慨，对人类无法摆脱这种局限性的悲惜。至文末，情感由激荡转为平静，以人生无常，时不待我之唏嘘，著文流传后世，承袭前人，启迪后世。

**文史
链接**

王羲之与《兰亭集序》

　　魏晋时期的名人雅士喜好游山玩水，吟咏山水之美。统治阶级在政治上不求进取，士大夫们更是崇尚玄学，此刻的王羲之既怀着忧国忧民的大情怀，又有着旷达进取的人生态度，因此并不愿与这些人为伍，《兰亭集序》正是创作于这样的背景之下。那一日的会稽山聚会，名人众多，如东晋文学大家、世称"文宗"的孙绰，名士谢安等，可谓是"文人沙龙"。但与会的大家们，一致推举王羲之为此集作序，可见他当时的文学地位之高，影响力之大。

　　这篇惊世之作一经问世，为语言宝库增添了许多惊艳之词，如"崇山峻岭""放浪形骸"等。更为难得的是，这惊世之作配以举世无双的字。

一篇从内容来看，叙事简约、意蕴深厚的文学作品，以平和简静、流畅遒美的书法来展示，真正做到了内容与形式高度统一，可谓珠联璧合。

素养实践

扫二维码，看真题链接＋答案

贰　《祭侄文稿》

俯仰无愧天地，褒贬自有春秋

《祭侄文稿》
唐代 / 颜真卿
纸本手卷，横 75.5 厘米，纵 28.8 厘米
现藏于中国台北故宫博物院

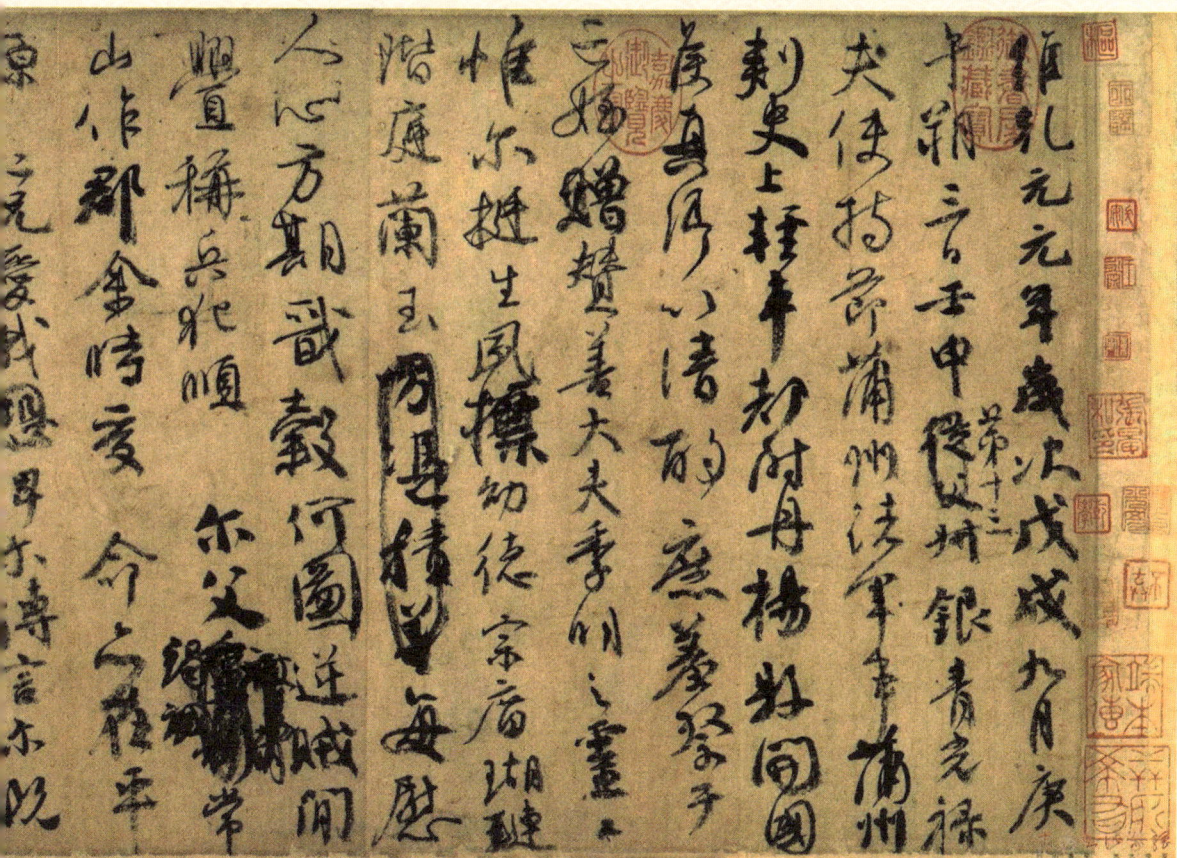

祭侄文稿

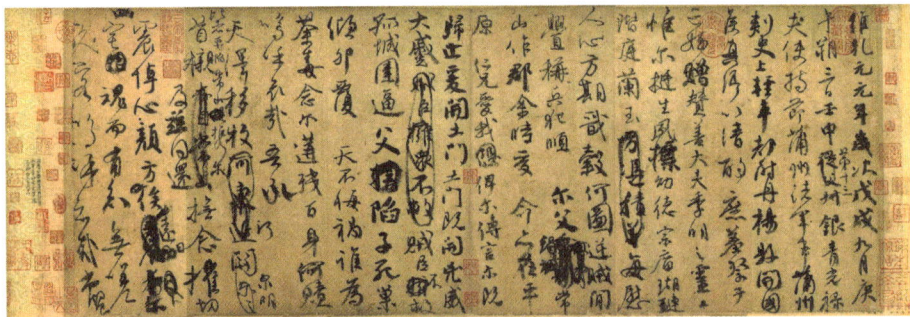

《祭侄文稿》的审美价值。

名家简介

颜真卿（709—784），字清臣，祖籍琅琊，出生于京兆府万年县。他身上有很多明确的"符号"，这些"符号"共同构筑了他传奇的一生。

颜真卿幼年丧父，与母亲殷夫人生活窘迫，读书习字时买不起纸笔。其母对他教育严格，他也严于律己，卑以自牧，成年后学问渊博，擅写文章。唐玄宗开元二十二年，他考中进士，历任监察御史、殿中侍御史等，因得罪杨国忠，出任平原太守，世称"颜平原"，他还曾任礼部尚书，太子太师，受封鲁郡公，后世称他"颜鲁公"。

颜真卿是中国书法史上举足轻重的书法家，他的书风遒劲，创造了端庄雄壮的"颜体"楷书。安史之乱，颜氏家族数十人壮烈牺牲，颜真卿悲愤写下千古叹息《祭侄文稿》。

艺术识读

YISHU
SHIDU

图像识读

《祭侄文稿》与其他书法作品不同，是情之所至，即兴而为，不能用心经营，也无法讲究下笔。《祭侄文稿》有多处涂抹，多处枯墨，行气大幅摇摆，可见全篇书写时心绪起伏。颜真卿悲愤激动的情绪无从斟酌技法，而是直抒胸怀，似是书至篇尾，情绪都难以平复。这件书法作品倾注了一个老者痛失骨肉至亲的悲伤，此稿酣畅淋漓，气息连贯，凝重艰涩却又豪迈飞动。

将镜头拉近，细细地观察某些局部就会发现，颜真卿开创性地将圆转浑厚的篆书笔意融入了他的行书中，如"开国"二字的横折钩就是典型的篆书使转。篆书笔意的加入使《祭侄文稿》多为圆笔中锋行笔，点画沉着，线条浑厚、圆劲，出锋时亦笔锋内含，骨力洞达、力透纸背，有立体感，故而有"颜字入纸一寸"的说法，如"父陷子死"等字如高空坠石，"杀入纸中"，与作者情绪相合。"开国"二字的外边框就是典型的外拓笔法。行文中，又根据情绪起伏偶尔加入了楷书字形和草书字形，但却宛如一体，气息未有丝毫中断，可见颜真卿在用笔方面的非凡造诣。熊秉明谓："其顿，沉着有力，其起，迅速利落，显出一种坚决果断，一种绝对的自信。"[1]

篆书的中锋使转

开国

两组外拓关系

父陷子死

《祭侄文稿》（局部）

　　结体变化多端，如"阶庭兰玉"四字，"阶""兰"二字取横势，结体朝左右舒展开来，"庭""玉"二字取纵势，孤高峻拔。这种创新使此稿行文过程中收放自如，变化多端，疏密有致，相得益彰。如"戊戌"等字，撇和戈钩分别朝左下右下延伸，字形中间疏朗。"荼毒"等字，外部延伸，中宫紧收，字形向四周发散，却又相互呼应，形散神敛。"丹杨"等字，字体平整，为中规中矩的行书字形。"惟"字左右两部分都在向左摆动，使此字有了险绝之势，但是右侧字形中，两个横一个向右上延伸，一个向右下延伸，就像是平衡器，使此字又维系了一个平衡的状态。"摧"字左边字形向右摆动，右边字形向左摆动，也构成了"险绝"之势，一左一右的"向背"构造，使这个字平稳了下来。正文中写到颜季明，就不断出现这种险绝之中有平衡的神来一笔，使整篇作品的气息透露出凛然不可侵犯之意，又蕴含奇险之态。

　　[1] 熊秉明. 中国书法理论体系 [M]. 天津：天津教育出版社，2002.

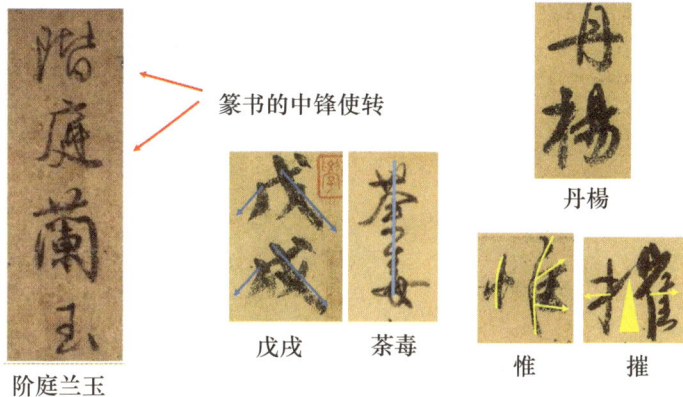

篆书的中锋使转

阶庭兰玉

戊戌　荼毒

丹楊

惟　攈

《祭侄文稿》（局部）

《祭侄文稿》美在哪里？

笔法狼藉，但有不可撼动之庄严。颜真卿一改"二王"以来的行云流水、清瘦秀美的行书，将圆转、遒劲、舒和的篆籀笔法融入行书当中，"篆尚婉而通"[1]，相对于魏晋书风多用内擫的笔法来表达刚正之气，颜真卿则反其道而行之，外拓笔法结合篆籀笔意，将刚正之意境，苍古、浑厚之气最大限度地释放了出来。颜真卿书写中融入了个人修为，兼具舒和之气，遒劲舒和的个性亦是他的书风。

结体任情恣睢，变化无方。一是宽博舒展和纵向舒展的对立统一，如"阶庭兰玉"四字。二是外紧内松和外松内紧的对立统一，前者如"戊戌"等字，后者如"荼毒"等字。三是平正和险绝的对立统一，如"丹楊""惟""攈"等字。

此稿整体架构与颜真卿其他书法作品一致，是平稳、端庄、厚重的字形，但是细看之下，很多字俯仰向背、倚侧倾斜，变化之大，令人咋舌，这些变化自然也与作者的情绪变化相呼应，如"悔祸谁"等字，平正中有

① [唐] 孙过庭. 书谱 [M]. 北京：北京联合出版公司，2016.

《祭侄文稿》（局部）

变化，大胆造险。

用墨"润燥相杂，润以取妍，燥以取险"[①]。行草书的形态表现和意境营造离不开对墨色的运用。《祭侄文稿》墨色变化丰富，有人猜测，全作只有七次蘸墨，颜真卿每次蘸墨一写就是数十字，呈现书法用墨的多层次空间美感。重墨和枯墨鳞次栉比，重墨线条轮廓厚重凸显，枯墨线条扎实犹如铁线，飞白若隐若现，整幅作品枯润、浓淡等墨色随着颜真卿的情绪起伏，产生了神奇的层次感，宛若有了呼吸。

"疏可走马，密不透风"的章法。章法是笔法、结构、墨法融合之后，再加上颜真卿的情绪引导，付诸笔端而形成的最终效果。此作开篇行笔稳健、沉着、笔断意连，随着回忆侄子成长的点滴，想到他被害，作品开始连绵，并逐渐加快速度，节奏趋向奔放，隐含着抑扬顿挫的交替，行气随情绪摆动。作品并未刻意经营，因涂抹、修改而使空间形成了"疏可走马，密不透风"的强烈反差，给人酣畅淋漓之感。

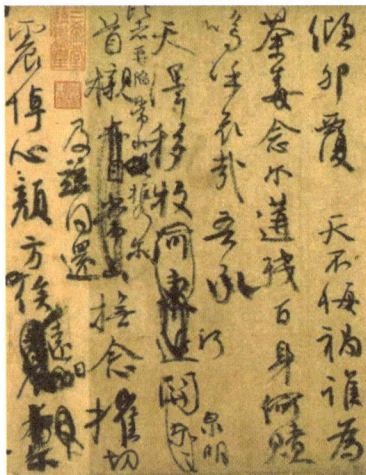

《祭侄文稿》（局部）

遒劲舒和的笔法、灵活多变的结体、润燥相合的墨法、畅快淋漓的章

---

① [南宋] 姜夔. 续书谱 [M]. 成都：四川美术出版社，2017.

法，《祭侄文稿》一跃成为中国书法顶尖佳作，高山仰止。

艺术拓展

如何理解"字如其人"？

西汉文学家、文艺评论家扬雄曾言"书，心画也"，意思是说书法是一个人的心理状态的描绘，以书法来表达和抒发作者的想法和情绪。"字如其人"所指写字不仅要有书法的外衣，更要有儒家思想的内核。写字是一个人的个性、修养，甚至生命进程的写照。

《祭侄文稿》中的文字经颜真卿开创性的创造，点画圆润、遒劲，字形舒展，平正之中有险绝，体现了儒家对人修身的要求，即"诚意正心"。颜真卿本人立身朝堂，以匡扶天下为己任，多次得罪奸相，为国平乱，颜真卿晚年被奸人设计前往叛军军营，他知道是陷阱，依然抱持大无畏之心前往，壮烈牺牲。颜真卿的人品、修养和他的书法风貌高度重合，"忠心为国"是"字如其人"的精神内核。

人品高下和字的好坏没有必然联系，但是"字如其人"能说明中国人对书法的审美追求，对人格书品高尚意境的推崇。

字里有乾坤
ZHILI
YOUQIANKUN

赏字读诗

《劝学》

作者：颜真卿

三更灯火五更鸡，

正是男儿读书时。

黑发不知勤学早，

白首方悔读书迟。

【赏析】

颜真卿的这首诗，深入浅出，又自然流畅地写出了读书、学习的深刻哲理。最好的读书时间在三更五更，晨读不息。只有在月月年年的坚持不懈中，我们才能获得真正的本领。多少有志青年，在这首诗中汲取力量，在勤奋中加强自身的行为修养，成为社会栋梁。

文史
链接

颜真卿学书过程中所体现的"劝学"精神

颜真卿父亲去世后，母亲殷氏带他南下，寄居在外祖父家中。外祖父颜具书画造诣，同时又喜欢聪明灵秀的颜真卿，于是在含饴弄孙之余，开始教授颜真卿书法。颜真卿学书法非常刻苦，经常一写就是数个时辰。母亲很欣慰，但也很苦恼，因为母子俩经济状况并不好，于是聪明的颜真卿以碗为砚台，以刷子为毛笔，以黄泥为墨汁，以墙壁为纸来进行练习。等墙上写满了，就用水冲掉。日复一日，年复一年，他进步极快。

颜真卿二十六岁中了进士，开始了为官历程，但是在繁忙的公务之余，依然没有忘记写字。当时他已经小有名气，经常受到大家的赞扬，但是他极为谦卑，知道山外有山，人外有人。听说书法大师张旭住在洛阳，便经常拿着字跑去找张旭指导，并希望拜他为师。一开始，张旭并未同意，后来颜真卿多次登门拜师，张旭感受到颜真卿的诚意，最终将他列入门墙。

拜师之后，颜真卿多次问张旭学习书法的要诀，张旭告诉他"一要工学，二要领悟"，工学指的是勤学苦练，学习书法没有任何捷径可言，领悟指的是要结合自然界万象。张旭就是因为看到了公主与担夫争道，公孙大娘舞剑后，将那种狭路相逢勇者胜的气概、恰到好处的分寸，融入自己的草书中，形成了独特的风格。

颜真卿听了之后，受到了极大的启发，他努力练习，潜心钻研，最终成为中国书法史上的一座丰碑。

素养实践

扫二维码，看真题链接 + 答案

水雲裹空庖煮寒菜

破竈燒濕葦那

知是寒食但見烏

銜紙君門深

九重墳墓在萬里也擬

哭塗窮死灰吹不

起

右黃州寒食二首

叁 《寒食诗帖》

卧闻海棠花

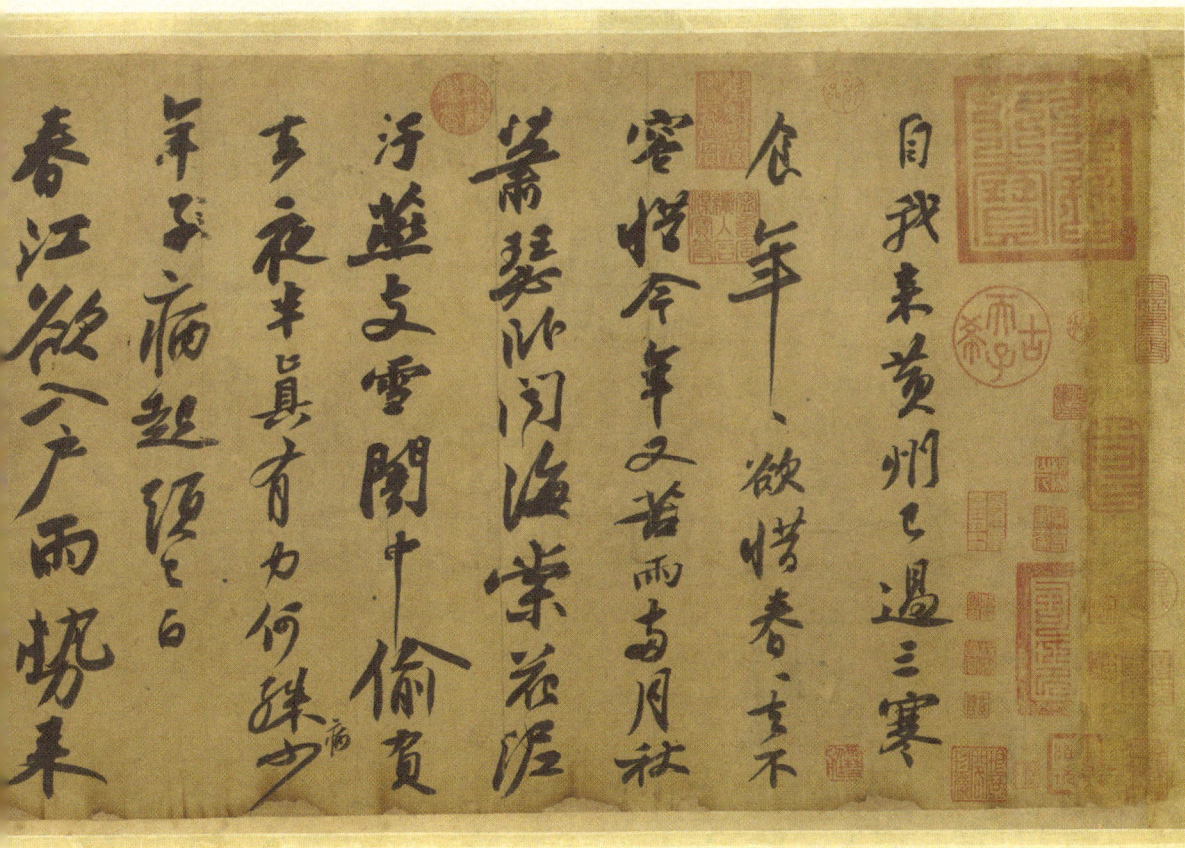

自我来黄州，已过三寒
食。年年欲惜春，春去不
容惜。今年又苦雨，两月
秋萧瑟。卧闻海棠花，泥
污燕支雪。闇中偷负
去，夜半真有力。何殊病
少年，病起须已白。
春江欲入户，雨势来
不已。

《寒食诗帖》
北宋 / 苏轼
纸本长卷，横 199.5 厘米，纵 34.2 厘米
现藏于中国台北故宫博物院

艺术史实
YISHU SHISHI

寒食诗帖

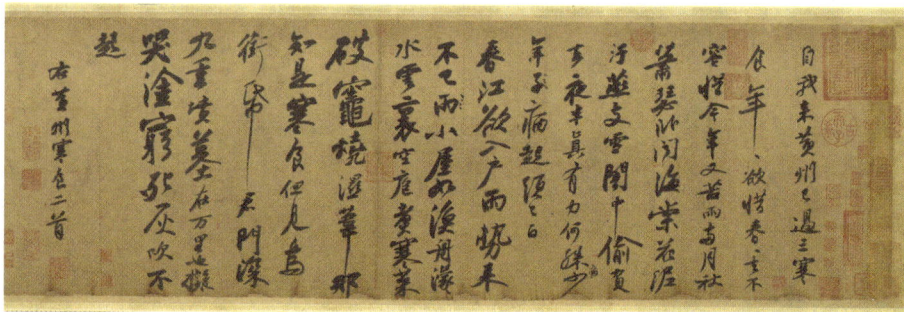

《寒食诗帖》的审美面貌

名家简介

苏轼（1037—1101），字子瞻，号东坡居士，四川眉州眉山人，北宋文学家，在诗、书、词、画方面均取得了很高的成就。其诗题材广阔，文风纵横恣肆，清新豪健，喜用夸张和隐喻的手法，风格独特。他一生三次被贬谪，细算起来坎坷多于人生得意，但他在坎坷中养就豪放旷达的性格，一生所作诗词 3000 余首，诗、文、书、画皆精，宋四家"苏、黄、米、蔡"的"苏"所指苏轼，位列之首。

宋神宗元丰二年，也就是公元 1079 年，四十三岁的苏轼因为乌台诗案被贬黄州（现在湖北黄冈市），《赤壁赋》《后赤壁赋》《念奴娇·赤壁怀古》《寒食诗帖》这些家喻户晓的名作就是苏轼流放黄州三年间所作的诗文精品。

艺术识读
YISHU
SHIDU

图像识读

　　《寒食诗帖》撰写于公元 1082 年清明节前夕的寒食节。古时百姓生活重视寒食，一是因为刀耕火种的原始崇拜从而产生对"火"的敬畏，二是春秋五霸之一的晋文公曾在流放时受恩于介子推的"剜骨奉主"，民间为纪念介子推，在清明节前寒食禁火，寒食节怀念古人的风俗在民间广为流传。苏轼书写"那知是寒食，但见乌衔纸"时触景生叹，故以"寒食"命名。

《寒食诗帖》美在哪里？

　　"破竈烧湿苇"中锋用笔，尽显铿锵力度之美。中锋用笔坚韧不拔，象征文人士大夫的中正节操，"破竈烧湿苇"一句中的"竈"字中锋用笔，笔力铿锵，犹如苏轼心中纠缠的郁结。试想，把深秋萧瑟的雨水浇得湿漉漉的芦苇塞到炉膛中，怎能燃起煮饭的火呢？燃不起火就往炉膛中再添芦苇，芦苇添得越多，火就越燃不起来，炉膛塞得满满的芦苇，意指没有指望的生活，是黑灰蹭了一脸的东坡先生。"竈"字生动形象，充满执拗抗争的力度。

《寒食诗帖》（局部）

　　书法的字形与作者内心的理想信念、情绪压力息息相关，如古人所说"字如其人"。苏轼的字明显具有颜鲁公的沉稳，骨力劲拔。苏轼自幼临习唐代先贤的书法，中年后临习唐人的笔法并在诗文中融会贯通，贬谪生涯的心境催生出笔画和字形的"率意"，自然中秉持传统笔法的精髓。

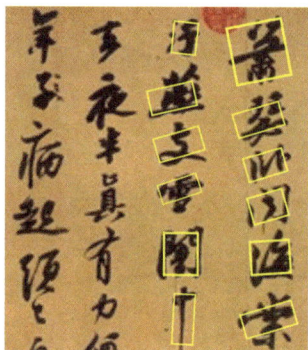

《寒食诗帖》（局部）

　　"卧闻海棠花"扁宽字体，穷途末路不改棱角锐利之美。苏轼躺在雪堂的榻上，听到屋外海棠花飘落的声音。他在写《寒食诗帖》前去了城外的东坡，回家的路上遇到瓢泼大雨，因景生情，赋诗《定风波》。"竹杖芒鞋轻胜马"归来家中，他病了，"何殊病少年，病起头已白"。栖身病榻的慰藉是海棠花胭脂一样的颜色，但就这一丁点儿的慰藉还要被黑夜的风摇落到泥土里，毫无风雨抵御力的花瓣失了颜色，在泥泞里化作"泥污燕支雪"。

　　"卧闻"两字的造型扁宽，笔画的转折棱角分明，似是高空坠石，把字压得扁扁的，没有一点赏花的美好。"卧闻"两字扁宽的字体曾被学界认为是"石压蛤蟆"的代表，其表象之下才是宋人推崇"尚意书风"的真正源头。贬谪流放的春天没有温暖的春光，"萧瑟"笔意中锋利的芒刺，像是可以弥散诗帖中所有的布白，这亦是苏轼流放生涯境遇的写照。

执拗的抗争耗白须发，穷途末路，"苦雨""秋萧瑟""何殊病少年"这样的悲凉，如同一叶扁舟，在水雾中飘荡。

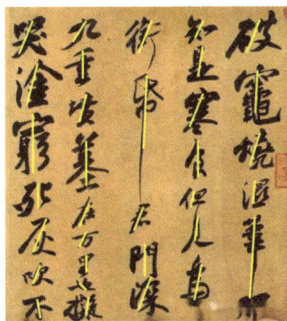

《寒食诗帖》（局部）

诗卷通篇字迹前小后大，行笔的速度由慢变快，字势从略有拘束紧缩到大刀阔斧的开张，正欹交替的节奏在心潮澎湃、情绪不可抑制时急剧变化。情绪平复可以自持，欹侧随即平缓。"但见乌衔帋""也拟哭途穷"，结字亦奇，时大时小，笔画或疏或密，线条有轻有重，行粗时变细，行细时变宽，单字轴线正欹交替的变幻，构成了通篇章法飘荡摇曳之感。

审美感知

《寒食诗帖》的艺术面貌和审美价值。

"自我来黄州，已过三寒食……"这首诗写于宋神宗元丰五年的一场春雨中。每每顺着《寒食诗帖》的墨迹诵读时，目光总是在"年年欲惜春"一句的"年"字上停留，思绪也被牵引到苏轼湿冷的诗意中。"年"字的一竖拉得锋利且细长，宛如划破不堪记忆的利剑，又有挥之不去的疼痛阴霾，行书笔画颇具情感表达的深意。有趣的是，一竖的下方有一个小点，亦如现代书写中经常把叠词中的第二个字简写为"々"。

诗帖"但见乌衔帋"一句中的"帋"字是现代汉字"纸"的异体字，这个字的一竖同样被拉得长长的，与"年年欲惜春"相比，这一竖更像是雨夜中病弱的无助，用笔全无中锋的刚劲挺拔，流露出无所依从的飘荡质感。行书最令人玩味的莫过于线条的情感表达，笔画线条的变化随书写者的心境起伏，非刻意而为，苏轼在被贬黄州的第三个春天发出的人生感叹竟不是对乌台诗案的愤懑，而是感叹"君门深九重"，空有一腔报国的热情无处施展，效忠皇帝无门，报效国家无路，人生已至穷途。

经历风雪寒雨的苏轼在四十六岁所书《寒食诗帖》登顶行书的"心画"之境，没有仕途期望的捆绑，铅华尽洗，活着才是生活的本真。不用考虑线条怎样写才美，不用考虑章法布局，也不是写给谁看，满腔的情感只能倾注到纸上，这时澄澈的内心悠然升华为"心之画"，达到天人合一的艺术境界。

《寒食诗帖》全卷十七行一百二十九字的行书，一气呵成。开卷行笔稍慢似有孤独苦闷绑缚，之后行笔渐渐率性放开，诗意开张处墨色浓厚，布白也如苦寒疾风，墨迹在卷尾变得铿锵有力，起伏的情绪蕴藏在线条中幻化为跌宕的书法节奏。点画线条时而正锋，时而侧锋，绞转多变，笔端收放的是苦难淬炼的稳健，字里行间又难掩诗意的苍凉。黑色墨迹布局自然错落，布白随情感宣泄翻转多姿，用笔随心而为与心境紧密贴合，浑然天成。

艺术拓展

宦海沉浮，笔作舟。

《寒食诗帖》曾在很多名人手中流传收藏，他们也都曾留有跋文，其中最引人关注的莫过于黄庭坚的跋文，字体又大又黑，大撇、劲捺、粗壮的长竖，尽收眼底，幸好黄庭坚的跋文不足七十字，否则不了解书法鉴赏的人会误认为这般纵横辽阔的字体也是正文。

黄庭坚的跋文与苏轼的正文虽只间隔一道细细的隔水，却隔不断他与苏轼的师生深情。黄庭坚作为"乌台诗案"的积极营救者也被牵连贬谪。苏轼被贬儋州时，黄庭坚正身处贬谪之地。《寒食诗帖》完成十八年后黄庭坚才辗转看到老师的诗帖，同是贬谪的凄苦境遇，他会不会因感同身受而热泪盈眶呢？

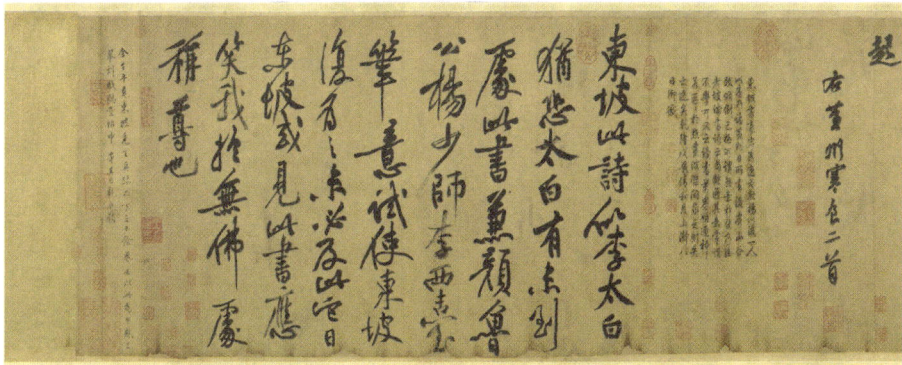

《寒食诗帖》（跋文局部）

他的跋文是这样写的：

东坡此诗似李太白，犹恐太白有未到处。此书兼颜鲁公、杨少师、李西台笔意。试使东坡复为之，未必及此。它日东坡或见此书，应笑我于无佛处称尊也。

大意是说，苏轼《寒食诗帖》的诗似有李白的豪气，甚至还有李白达不到的境界。此帖的字迹同时兼有唐朝颜真卿、五代杨凝式和北宋李建中的笔意。假如让苏轼重新再写一次，恐怕未必能写得如此卷一样好。

黄庭坚作为苏轼的学生，自是对老师的字大加赞赏，但他和老师之间也有一则趣闻，黄庭坚曾把苏轼扁宽的字体比喻为"石压蛤蟆"，苏轼也调侃地回敬他"你的字是树挂蛇"。研究苏轼的专家李一冰先生说："苏宗晋唐，黄追汉魏；苏才浩瀚，黄思邃密；苏书势横，黄书势纵。"因为苏轼的字形扁、字势横，黄庭坚的字形浑厚、字势纵，"石压蛤蟆和树挂蛇"相讽得惟妙惟肖。如此幽默诙谐的对话出自北宋两位大家之口，使人不禁感叹"谈笑有鸿儒，往来无白丁"。

天下三大行书，只有《寒食诗帖》可以确认是苏轼的手书真迹。唐代书法推崇法度，宋人书法尚心境意趣，苏轼的诗帖是特殊人生境遇的情感书写，达到无为而为，天人合一的艺术境界，无疑是中国书法史上的里程碑。

赏字读诗

《寒食雨》（其一）

作者：苏轼

自我来黄州，已过三寒食。
年年欲惜春，春去不容惜。
今年又苦雨，两月秋萧瑟。
卧闻海棠花，泥污燕脂雪。
闇中偷负去，夜半真有力。
何殊病少年，病起头已白。

【赏析】

本诗借寒食前后阴雨连绵、萧瑟如秋的景象，写出了诗人悼惜芳春、悼惜年华似水的心情。苏轼对海棠情有独钟，并多次在诗中借以自喻，这首诗后段对海棠花谢的叹惋，也正是诗人自身命运的写照。他对横遭苦雨摧折而凋落的海棠，以"何殊病少年，病起头已白"的绝妙比喻，借喻自己横遭政治迫害，身心受到极大伤害的命运。贺裳在《载酒园诗话》中说诗人"黄州诗尤多不羁"，认为此诗"最为沉痛"。黄州时期，苏轼写了不少旷远清超的诗词，这首诗写出了他最为真实、沉痛的内心感情。

文史链接

苏轼与《定风波》

元丰五年（公元1082年），苏轼已经习惯了农民的生活——鸡鸣即起，日落而息。他臣服于大自然的时钟，不再遵从朝廷的作息。他白天在田间劳作，身边总带着一壶酒，累了就咂上一口，困了就歪倒在地上，晕晕乎乎地进入梦乡。日暮时分，他收拾好农具，穿过田野，走回城里的住处——临皋亭。城门的守卫对他为何沦落至此心存不解，有时还会拿他开几句玩笑，苏轼也不解释，只是跟着他们一起笑。谁能想到人生正是意气风发之时，他却去了御史台坐牢，然后去黄州东坡种地。

城外那片东坡，虽然一直无人耕种，但毕竟是官地，不知什么时候，官府要收回。为了一家人的温饱，苏轼决定购买一块属于自己的土地。苏轼在友人们的陪伴下，脚穿草鞋，手持竹杖，前往黄州东南三十里外的沙湖看田，据说那里有大片肥田沃土。那一天，行至半途，突然下起了雨，人们惊呼着躲避，只有苏轼定在原处，丝毫没有闪躲。在他看来，这荒郊野外，根本没有躲雨的地方，倒不如干脆让大雨浇个痛快。没过多久，雨停了，阳光把那些湿透的枝叶照亮，在上面镀上了一层桐油似的光，也一点点地晒干了他身上的袍子，让他浑身痒痒的。就在这急剧变化的阴晴里，刚刚被浇成落汤鸡的苏轼，口中幽幽地吟出《定风波》："莫听穿林打叶声，何妨吟啸且徐行。竹杖芒鞋轻胜马，谁怕？一蓑烟雨任平生。料峭春风吹酒醒，微冷，山头斜照却相迎。回首向来萧瑟处，归去，也无风雨也无晴。"

参考文献

祝勇 . 在故宫寻找苏东坡 [M]. 长沙：湖南美术出版社，2017. 72-73.

素养实践

扫二维码，看真题链接＋答案

肆 《中秋帖》

中秋不复得，家人长相聚

《中秋帖》（传）

晋代 / 王献之

纸本手卷，横 11.9 厘米，纵 27 厘米

现藏于北京故宫博物院

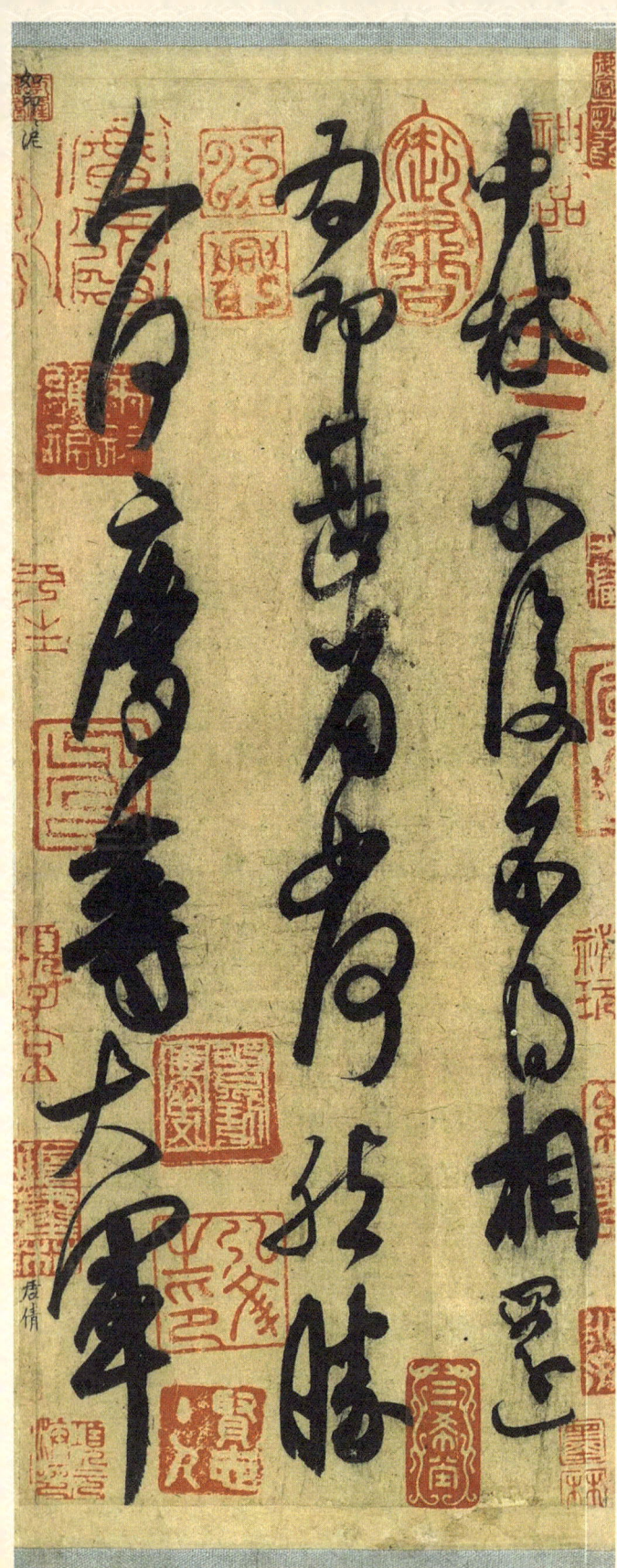

中秋帖

《中秋帖》美在哪里？

名家简介

　　王献之（344—386），东晋书法家，字子敬，又称王大令，是王羲之第七子，擅长书法，与父王羲之合称"二王"，与汉代张芝、三国魏钟繇、其父王羲之并称"四贤"。他七岁跟随王羲之学习书法，有一次王羲之在王献之没有防备的情况下，猛然从背后抽他毛笔，但并没有抽出来，可见王献之的专注力、笔力、握力都十分深厚。于是王羲之不禁感叹：王献之日后必在书法上有所成。果然，王献之在楷书、行书、草书上都形成了自己鲜明的特点，改变了当时古拙的书风，创造了一种新颖的书法表现形式，风格流美，世称"破体"。他的书法英俊豪迈，笔画连绵，风流妍妙。他开创"一笔书"，代表作有小楷《十三行》，行书《鸭头丸帖》《十二月割至帖》等。

艺术识读
YISHU SHIDU

图像识读

《中秋帖》以开篇"中秋"二字得名，墨迹为纸本，无落款，纵27厘米，横11.9厘米，3行，共22字，相传是王献之所写。但现在很多人认为，《中秋帖》并非王献之的真迹，而是宋代书法家米芾临摹王献之《十二月割至帖》的部分内容。这两个字帖十分相似，内容上减省了与"一笔书"不和谐的内容，从而达到首尾相同的目的。

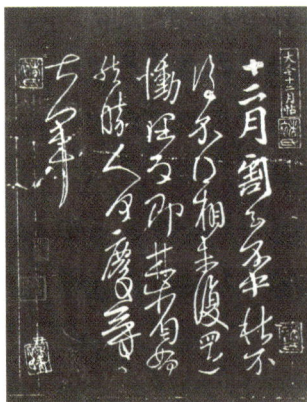

《十二月割至帖》 宋 米芾　　　　《中秋帖》 东晋 王献之

《中秋帖》的艺术面貌和审美价值。

　　《中秋帖》的珍贵之处在于它丰富的艺术语言和多变的表现手法。鉴赏书法作品，可以从用笔、结字、章法三个方面进行赏析。

　　在用笔方面，一个完整的笔画，要通过起笔、行笔、收笔来完成。起笔可以藏锋，也可以露锋，行笔可以中锋，也可以侧锋，收笔可以顺势出锋，也可以急停驻笔或裹锋圆收。不同的用笔，写出来的笔画形状各异，所表现的艺术效果也不同。一幅好的书法作品，用笔是多样的。《中秋帖》在用笔时，起笔时藏锋、露锋交替出现；行笔以中锋为主，侧锋为辅，在书写的过程中通过提、按、转、折等手部动作达到中锋、侧锋的转换，体现出书法家高超的控笔能力；在收笔方面，由于《中秋帖》字与字之间的连带较多，收笔多顺势而出。

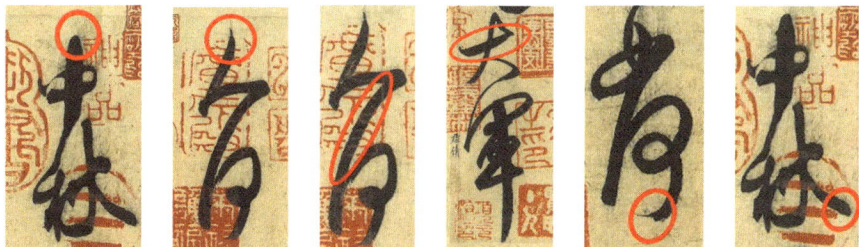

《中秋帖》（局部）　东晋　王献之

　　在结字方面，唐代书法家虞世南在《笔髓论》中这样比喻："顿挫盘礴，若猛兽之搏噬；进退钩距，若秋鹰之迅击。"就是说行书在结体上常常随形赋势，具有欹侧的姿态，给人流动灵便的感觉。相比一般楷书尽可能追求每个字的平稳端正，《中秋帖》中每个字更多追求左右摇摆的倾斜之势。这种灵动多姿的视觉效果是在原有字形的基础上，通过粗细、大小、收放等手段表达出来的。例如，帖首"中秋"二字。"中"字的竖画相比其他笔画更粗且偏右，整体字势向右倾斜。"秋"字左边收紧位置偏下，右边放开位置偏上，整体字势向左倾斜。与"中"字形成左右摇摆的态势。帖尾"庆等"二字与"中秋"二字效果相同。在重复字字形的处理上，《中秋帖》中两个"不"字，第一个"不"字撇捺向左右打开，使得字内空间变大，第二个"不"字撇捺收紧，字内空间收紧，形成收与放的对比，避免相同字的雷同。

《中秋帖》

在章法方面，《中秋帖》共三列，前两列 8 字，最后一列 6 字，上下字之间的距离被压缩，连绵紧密，左右字之间的距离被疏远，相互之间错落有致，形成纵有列、横无行的效果。

每一纵行之间，通过笔势组合或者体势组合形成字组。第一列"中秋""不复不得"，第二列"为即甚省如何"，第三列"人何""庆等"就是通过笔势组合形成字组（如图红色方框）。这种一笔而下连绵呼应的字组，通过提按、快慢、断续的变化，表现出一种节奏感。而第一列"相还"，第二列"然胜"则是通过大小、粗细等体势上的变化形成字组（如图黄色方框）。这种组合关系更强调空间关系。第三列最后两字"大军"则笔势、体势兼有（如图绿色方框）。字组与字组之间的应带关系主要通过错位来表现。第三列"庆等"整体右移，下面的"大军"整体左移。这种自然错落的书写使作品在视觉效果上更加丰富。

审美感知

《中秋帖》美在哪里？

字势浑厚，逸气纵横。王献之改古朴雅致的"内擫"笔法为风流妍妙、气势开张的"外拓"笔法，打破楷、行、草的边界，巧妙地创造出一种新体，世称"破体"，比行书连贯，较草书安详，开魏晋后期行草书之门。《中秋帖》入笔灵活，或粗或尖，或圆或方，或藏或露。虽然篇幅较小，但是气势宏大，个个奔放狂纵、韵味悠远，字形顾盼生姿，行距错落有致，用墨干枯浓淡相得益彰，追求浓郁的写意味道，有很强的抒情意趣。例如，"大军"两字，在毛笔不断运动中，线条由细变粗，一刹那完成，干净利落，毫无滞笔。结字和用笔时出新意，体势豁达纵逸，自由又自然，上下之字多顺势相连，更增加了流美甜畅的情趣。

《中秋帖》（局部）

笔画连绵，上下呼应。线条富于变化，空间感强，如"中秋""不复不得""甚省如何"（如图）等都是一气呵成，一笔数字，把前字的收笔和后字的起笔合为一笔，连绵飞舞，称为"一笔书"。相对于楷书、隶书等字体而言，一笔书的特点是把笔画、字与字连贯起来，断处少，即使是上下本相离的字也写成了相连的字，例如，"即甚"二字笔断意连，气脉贯通，提按起伏，精熟之至，是"一笔书"的代表作。

笔力雄健，势如破竹。《中秋帖》虽然是临摹版本，但是它不仅体现出王献之的书法特点，而且也把米芾的书法风格展现得淋漓尽致。米芾书法的中后期受王献之影响最深，"集古字"集得最多的就是王献之。他深入学习魏晋书法，追求平淡高古，晋人的雅韵也表现得更加明显。米芾和王献之在结构方面处理有所不同，米芾结字陡峭险劲，沉着痛快，多呈纵势，而王献之书法结体宽博，气势开张。《十二月割至帖》和《中秋帖》做对比，可发现《十二月割至帖》字形呈扁势，笔画厚重，《中秋帖》相较于《十二月割至帖》字内空间少，增强纵势，狭长的字形一笔而下。因是米芾临写，所以作品带有米芾"放笔一戏空"的特点，结字跌宕欹侧，笔画丰满，率意自然，意趣横生。

从题跋看《中秋帖》的古往今来。

　　明朝董其昌对《中秋帖》推崇备至，将它刻入《戏鸿堂法帖》中，《戏鸿堂法帖》是明朝刻帖，收录了晋、唐、宋、元等著名书迹。董其昌曾认为，《中秋帖》是《十二月割至帖》是刻本的正身，与《淳化阁帖》中的王献之《庆等帖》是一帖，后来被一分为二，出现了文章内容不通的情况。董其昌在《戏鸿堂法帖》中对《十二月割至帖》题跋为："宝晋斋刻此帖大军止，余检子敬别帖，自'已至'至末，辞意相属，原是一帖，为收藏者离去耳。二王书有不可读者，皆此类也。米元章以此为天下第一，子敬书。"又在《中秋帖》的题跋中说道："大令此帖，米老以为天下第一，子敬书，又为一笔书。前有'十二月割'等语令失之，又'庆等大军'以下皆闲，余以阁帖补之，为千古快事。米老尝云：人得大令书割剪一二字售诸好事，以此古帖每不可读。后人强为牵合，深可笑也。甲辰六月观于西湖僧舍。董其昌题。"他自认为这是一个重大的发现，还称其为"千古快事"。此外，明朝项元汴题跋介绍王献之的基本情况及书风特点，跋中写道："谓如月穴凤舞，清泉龙跃。精密渊巧，出于神智。梁武帝评献之书，以谓绝妙超群，无人可拟。"

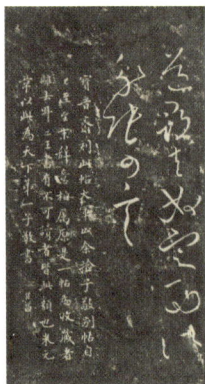

《戏鸿堂法帖》（局部）　明　董其昌

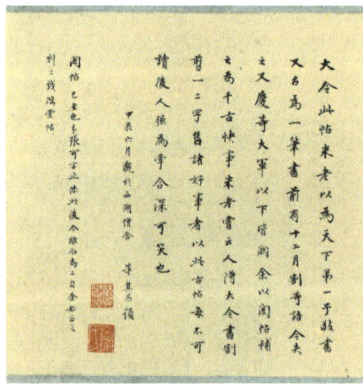

《中秋帖》（题跋局部）　东晋　王献之

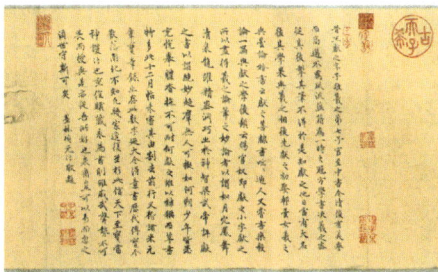

《中秋帖》（题跋局部）　东晋　王献之

　　《中秋帖》被收入清朝内府，被乾隆皇帝赞为稀世珍宝，开篇就是他用行书题的"至宝"两字，接着又题一段"大内藏大令墨迹，多属唐人钩填，惟是卷真迹，二十二字，神采如新，洵希世宝也。向贮御书房，今贮三希堂中。乾隆丙寅二月御识"。字帖正文右上御题"晋王献之中秋帖"一行。接着卷后有唐朝张怀瓘题"神韵独超，天姿特秀"，后又有乾隆皇帝亲笔所画梅花一枝，及御笔亲题《拟中秋帖子词有序》以表达自己对《中秋帖》的喜爱。此卷末端丁观鹏记："乾隆丙寅春，蒙赐观王献之中秋帖真迹，令臣观鹏绘图卷尾，秋色平分，梧梢月上，臣辄拟议此景。伏维前贤妙墨，重以天题，臣仰陟上清，足迷云气，翘瞻阆苑，目眩星辰，自愧鸦涂，真成貂续。"卷中穿插鉴藏印"宣和""绍兴""御书""广仁殿""内府图书之印""项氏子京""乾隆""嘉庆""宣统御览之宝"等。

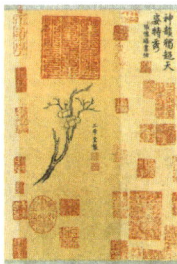

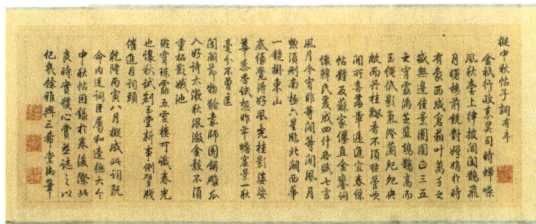

《中秋帖》（题跋局部）　东晋　王献之

《中秋帖》（题跋局部）　东晋　王献之

　　《中秋帖》与王羲之的《快雪时晴帖》、王珣的《伯远帖》被乾隆一起收藏在书房中。乾隆将书房命名为"三希堂"，经常在这里处理政务、接见大臣。清朝刻帖《三希堂法帖》就是以此命名的。随着清朝灭亡，末代皇帝溥仪将《中秋帖》携带出宫，在新中国成立之前，此帖被抵押在香港的一家外国银行，除了《中秋帖》，一同被质押的还有王珣的《伯远帖》。1951年典当期将满，国宝有流失海外的风险，国家领导获悉后，亲自指示有关部门重金赎回这两件国宝。两件国宝现均珍藏于北京故宫博物院。

字里有乾坤
ZHILI YOUQIANKUN

赏字读诗

《中秋帖》

作者：王献之

中秋不复不得相还为即甚省如何然胜人何庆等大军。（原文）

（历来，对于断句都存有歧义，常见的断句形式有两种）

中秋不复，不得相还，为即甚省如何？然胜人何庆？等大军。（断句1）

中秋。不复不得相。还，为即甚，省如何？然胜人何庆等大军。（断句2）

【赏析】

对于本诗的解读，历来有两种不同的声音。一种猜测是作者想要表达因中秋而产生的思念和对团圆的渴望；另一种猜测是当时亲友处于困境中，作者对亲友有些挂念和担忧，想要抒发和排解这种强烈的情绪。根据不同的断句方式而产生的两种解读，其实都符合情理。寥寥数语，内容充实，情感丰沛。以书法之形和文字之实，将具象与抽象结合，为"月"的文学意象留下了重要一笔。

文史链接

唐宋文人与中秋

从古至今，在中秋的传统节日里，文人墨客留下了许多千古名篇。这些名篇不仅肩负着传承我国民俗文化的重任，同时为后人留下了宝贵的精神财富，更是让中秋佳节充满诗情画意的韵味。

晋代就已经有了对中秋的相关记载，而真正成为一种风俗，是从唐代中期以后。在那个盛世，赏月玩月成为文人时尚。在他们浪漫新奇的想象中，令人神往的月宫，惹人泣涕的离别跃然纸上，画面生动空灵，如白居易的"三五夜中新月色，二千里外古人思"。到了宋代，中秋已经成为重要民俗节日。较之唐代有些变化的是，宋代的诗作，除保留唐代的浪漫新奇之外，还多了一些"理"，展现自然理趣。人生哲理，以求精神上的解脱与心理上的自由，营造出一个神圣的精神家园，文人墨客用自然景物表现出一种豁达之情，如苏轼的"此生此夜不长好，明月明年何处看"。

唐宋文人，由于时代的不同，文化氛围的不同，两代人用中秋佳节，营造出不同的人生真谛与文人气质，表现出不同的情怀与思想。

素养实践

扫二维码，看真题链接＋答案

彼此同暖衣蚕食饱但寛

愧梁鸿

旅食缘交驻浮家高兴

来勾留荆水话樗间下

峰闹过刹如寻戴莲渠

定赋枚渔歌堪画盖又

有鲁公陪

密友佳春折红薇过夏

榇围枝残自得顾我苦含

情漫有兰随色守无石

对声和怀嘅三月依

厮满卸行

元祐戊辰八月日作

住子子盈義多童於
波二解開之中渚美儋
富南沉渐如宋民主江
南偉本言九载
姆雲宝雪而何乃方素水
村隆先生楷拉古遺畫
加表飾物之那晴囤
事有我疏我方振趣
陸之楊振五右揮起
久多士賴以名汨没手埜
事權之玉格而子二月
表看美詣多章母心之
十言長沙學泉陽題

《苕溪诗帖》

秋帆寻贺老，载酒过江东

《苕溪诗帖》（《将之苕溪戏作呈诸友诗卷》）卷

北宋 / 米芾

纸本手卷，横 189.5 厘米，纵 30.3 厘米

现藏于北京故宫博物院

苕溪诗帖

《苕溪诗帖》美在哪里？

名家简介

在我们的传统认知中，学书者大都清雅正直。但在北宋有这样一位书法家，他生性孤傲不羁，违世异俗，人送外号"米颠""米痴"。他"被服怪异"，明明是宋代人，偏要效仿唐人着装；他痴于奇石，曾对一块石头称兄道弟；他好洁成癖，爱洗手却不用毛巾擦干，而是双手相拍至干，甚至嫌水脏而发明了"自来水"。

俗话说"物有棱角而显锋芒，人有个性而显独特"。这位不偶于俗的书法家是北宋的"全能式"高手。他能诗文，擅书画，精鉴别。他的书法地位不仅在北宋时名震天下，在后来的各个朝代乃至当今书坛亦有着举足轻重的影响。他就是"宋四家"之一——米芾。

米芾（1051—1107），北宋书画家、书画理论家，初名黻，字元章，号鹿门居士、襄阳漫士、海岳外史等，元祐六年改名芾，存世书迹有《苕溪诗帖》《蜀素帖》《多景楼诗帖》《虹县诗》等。

　　米芾的祖籍在山西太原，后迁往今湖北襄阳，之后定居润州。米芾出身官宦世家，自幼受到极好的教育。1067 年，他随母亲阎氏离乡来到京都汴梁，侍奉英宗高皇后。米芾以恩荫入仕，被赐秘书省校字郎，负责校对，订正讹误。北宋元祐三年，也就是 1088 年，米芾在游历江浙一带山水的过程中写下了《苕溪诗帖》。1106 年，米芾改任书画学博士，礼部员外郎。因唐宋时对在礼部管文翰的官称作"南宫舍人"，所以后世也称米芾为"米南宫"。

艺术识读
YISHU
SHIDU

图像识读

　　《苕溪诗帖》也称《苕溪诗卷》，全称《将之苕溪戏作呈诸友诗卷》，纸本形式，全卷 35 行，共 394 字。开首一句写到"将之苕溪戏作呈诸友"，是米芾在即将前往苕溪时，写给朋友看的一篇纪游诗，内容记载了他泛舟太湖，经苏州、无锡等地而行至湖州的情形。

　　苕溪在浙江省北部，属太湖水系。由于流域内沿河各地盛长芦苇，此地居民称芦花为"苕"。米芾笔下的苕溪有苍翠茂密的竹林、三季盛开的鲜花，还有入口绵香的惠泉酒、清甜浓香的鳌源茶，实在是个难得寻觅的世外桃源。当时，38 岁的米芾应其在常州做刺史的友人林希所邀去常州游玩，兴致极高，铺纸挥墨为好友赋诗六首，成就了这幅日后闻名书坛的《苕溪诗帖》。

笔法跌宕多姿之美。

宋·苏轼　《中山松醪赋》　　宋·米芾　《苕溪诗帖》　　元·赵孟頫　《前赤壁赋》

　　《苕溪诗帖》中有很多笔画是重入轻出，以侧锋起笔，运笔过程中又转换成中锋，精准地控制了笔锋的缓急、提按、偏侧等变化，使笔锋在运行过程中也能呈现出轻松自如的状态。以上图的"之"字为例，在第二笔与第三笔的连接方式上采用"下按上挑"的方法，对比苏轼与赵孟頫，米芾的用笔方式是：点画的粗细对比强烈，过渡连贯，笔画形态更显空灵跌宕。

结字生机勃勃之美。

宋·苏轼　　　　元·赵孟頫　　　宋·米芾　　　　宋·米芾
《赤壁赋》　　　《千字文》　　　《苕溪诗帖》　　《苕溪诗帖》

　　点画分布疏密有致，《苕溪诗帖》字形以竖长为主，姿态夸张，追求结体的奇险跌宕。这是由于米芾打破晋唐以来书法字形的平稳严谨，单字内部形成强烈对比的缘故，使单字结体处在紧张的状态下，给人一种既对立又统一的印象，如《苕溪诗帖》中的"主""养"两字写法极为相似，都采用了一种上疏下密的结字法。相较于苏轼《赤壁赋》中的"主"字和赵孟頫《千字文》中的"养"字，米芾的这两个字有自然洒脱之感，达到了"密不透风，疏可走马"的艺术效果。

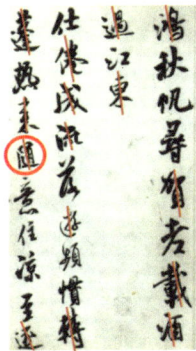

欹侧

欹正相谐

左正右欹　左欹右正　上正下欹　上欹下正

　　单字体势欹侧险绝，除了刻意营造疏密对比，《苕溪诗帖》的单字势态大都是向左上方倾斜，给人动势强烈、重心不稳、奔腾跳掷之感。同时，米芾追求"稳不俗，险不怪"。此帖千姿百态，前后呼应，左右联系，字字欹侧而整体安稳。

章法参差错落之美。

　　米芾重视整篇的气韵，兼顾各处细节，严于法度。通篇看来，《苕溪诗帖》字字呼应，行行连贯。大小、欹正、疏密等都各随字形大小，顺其自然之势。作品中行与行之间时宽时紧，如同苕溪水一样，时起时伏，变化无常，好不潇洒自然。同时，在每首诗之间，米芾都留下了空白，让诗帖富有停顿的节奏之感。正如朱熹所言："天马行空，追风逐云，虽不可范以驰驱，要自不妨痛快。"

墨色浓淡相宜之美。

　　《苕溪诗帖》通篇墨色浓淡相兼得当，将墨色的浓淡、干湿融入笔画，在富于变化的起伏中，达到笔墨不燥不润的效果，使对比更加鲜明。正如李日华在《评书帖》中所言："挥霍迅疾，中含枯润，有天成之妙。"

审美感知

《苕溪诗帖》的艺术面貌和审美价值。

古有"晋人尚韵，唐人尚法，宋人尚意"之说。这里的"尚"指的是对书法艺术审美的崇尚，而"韵""法""意"指的是崇尚的角度。书法艺术发展到宋代，人们开始注重对"意"的追求。"意"所表现的是一种不拘泥于法度，不刻意的天真率意之美。而"宋四家"之一的米芾正是追求这种文化现象的杰出代表。《苕溪诗帖》不仅是米芾书法风格蜕变时期的杰出作品之一，更是宋代"尚意"书风巅峰时期的代表作，其中蕴含的美学意蕴对今天的书法创作和书法理论仍然具有深远的影响。

《苕溪诗帖》因是呈诸友的诗稿，加之当时米芾即将与好友去苕溪游玩，愉悦之情跃然纸上，笔墨淋漓，才使得此诗帖一气呵成，如行云流水。整体观来，《苕溪诗帖》既见天姿，又见学力，既有古味，又有新意。其运笔畅达，点画跌宕，提处状若游丝，按处沉着不滞，同时不拘泥于中锋行笔，多以侧锋取势。沉郁雄厚得力于颜体笔法，潇洒清健取法于"二王"笔意。其结体欹侧相谐，疏密有致，变化多端，突破唐代书法在形式上的稳工奇美。章法上，字紧密松散错落有致，左右上下相互映带，时而挺俊时而险绝。每首诗结尾处都留有空白，自然宽松之余又富有节奏韵律，字里行间创造出一种天真烂漫、潇洒率意的书风。

对比唐代书法所展现的端庄方正的美，《苕溪诗帖》给人一种率意自然之美。

唐·欧阳询《九成宫醴泉铭》（局部）

宋·米芾《苕溪诗帖》（局部）

艺术拓展

米芾书法的艺术旨趣。

　　《蜀素帖》创作于《苕溪诗帖》后一个半月，是米芾至湖州游玩之后所作，也是第一份以书写材料而命名的传世经典之作。作品重视整体气韵，章法布局极具节奏和韵味，点画形态纵横挥洒，形态丰富，墨色浓淡枯润交相辉映，给人天真自然之感。因而，此帖在书法界被誉为"天下第一美帖""天下第八行书"。

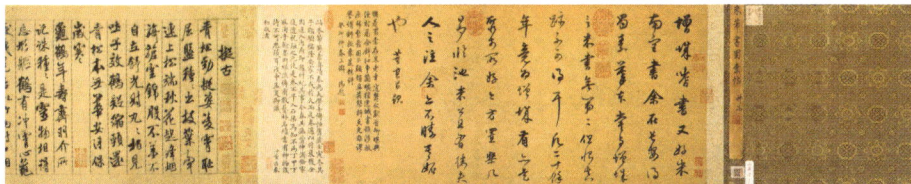

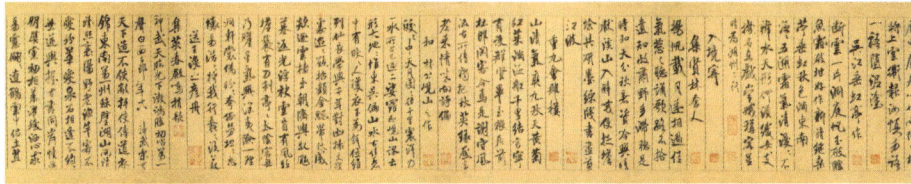

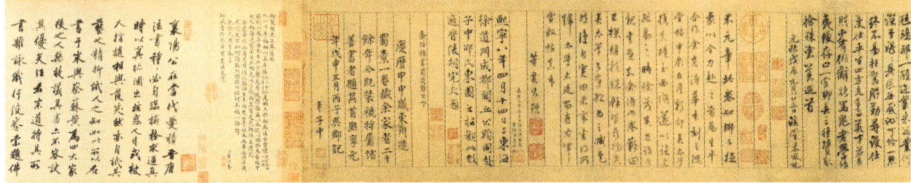

《蜀素帖》 北宋 米芾 绢本，纵 29.7cm，横 284.3cm 现藏于中国台北故宫博物院

　　"趣"是艺术作品中蕴含的天然意趣和创作主体的情趣。米芾关于"趣"的主张散见于《书史》《海岳名言》《宝晋英光集》等著作中，推

敲他的书法名言语录，句句可见其对于"真趣"审美理想的无限追求，如"裴休率意写碑，乃有真趣""意足我自足，放笔一戏空""无刻意做作乃佳""沈传师变格，自有超世真趣，徐不及也"等。其中《海岳名言》为他平日论书之语，书中提到："学书须得趣，他好俱忘，乃入妙。"意思是说书法艺术创作就是要自由展示出美的意态，不刻意追求工稳的法度，笔随意走，书为心画，作品才能达到绝妙的艺术高度。

结合米芾经典名作的审美特点和多处书论中的观点，我们不难发现其在书法艺术创作中最重意趣，力图作品自然率性、曲尽变化，不刻意追求矫饰造作。他崇尚王献之的"天真超逸"，颜真卿《争座位帖》的"天真罄露"，杨凝式的"天真烂漫"，可以说追求"真趣"是米芾书法成熟时期审美旨趣的核心，也是他对书法创作、书法评价的审美标准。

米芾所追求的"真趣"是经历长时间的技法积累和磨炼后，将纯熟技巧与自我心性合二为一的随心信手而作。米芾在《自叙帖》中说自七八岁以来，自己就开始大量临摹颜、柳、欧、褚等唐楷，每日临池不辍。有史料称其"一日不书，便觉思涩，想古人未尝半刻废书也。"正是通过勤学苦练和不断探索，米芾才能在"心既贮之"的前提下达到"随意落笔，皆得自然，备其古雅"的艺术效果。

字里有乾坤
ZHILI
YOUQIANKUN

赏字读诗

《苕溪诗帖》（节选）

作者：米　芾

旅食缘交驻，浮家为兴来。
句留荆水话，襟向卞峰开。
过剡如寻戴，游梁定赋枚。
渔歌堪画处，又有鲁公陪。

【赏析】

米芾在这诗卷中,尽情抒发了心灵感受,展开了博大的想象,释放了飞驰的神思,以"苕溪"作题却文不见"苕溪"二字。诗中说"渔歌堪画处,又有鲁公陪",缘由是唐代颜真卿曾在湖州任刺史,米芾想象将有鲁公的陪同,在风景如画的苕溪山水中快意游玩,可谓达到了超妙绝俗之境地。诗句中春去夏过秋来,红薇花荣,树枝茂密,万物皆有情,一派生机。既有漫山青色,又有水击石声,秋夜泛舟,水光映月,真是别有一番意味啊!

文史
链接

米芾与苏轼——两大文化巨人的交往

两位文化巨人的交往,始于苏轼谪居黄州时期,虽仕途受挫,但他在文坛已是名满天下,受人推崇。米芾希望在苏轼的点拨下,书画技法可以有所突破,就在马梦得的引见下,与苏轼会面。在书画方面,两人志趣相投,时常书信往来。后苏轼与米芾同朝为官,从苏轼写给米芾的书信可以看出,他们在书画、诗歌等方面,有不少切磋。苏轼更是对米芾有着赏识与关爱,常常鼓励米芾把自己的新作拿给他看。苏轼去世前,得以与米芾面对面畅谈,了却一桩心愿。对于米芾来说,他得知苏轼去世,大为悲痛,写出了感情深厚的《苏东坡挽诗五首》。这五首诗将两人多年来的交往贯穿始终,字里行间表达出对苏轼深厚的情感及对其成就的崇敬。

素养
实践

扫二维码,看真题链接+答案

枯石燥濕濠濠

山川光暉為我

妍野僧早旱

饑不能饘曉

見寒溪有炊

煙東坡道人

已沈泉張矦

時到眼前釣

臺驚濤可

畫眠怡亭者

篆蛟龍纏安

得此身脫枸攣

身載諸支長

周旋

陆 《松风阁诗帖》

洗耳不需菩萨泉

依山築閣見平川夜闌簦斗插屋椽我來名之意適然老松魁梧數百年斧斤所赦令參天風鳴媧皇五十絃洗耳不須菩薩泉嘉二三子甚好賢力貧買酒醉此延夜雨鳴廊

《松风阁诗帖》，又称《松风阁帖》

北宋 / 黄庭坚

墨迹纸本，横 219.2 厘米，纵 32.8 厘米
现藏于中国台北故宫博物院

艺术史实
YISHU SHISHI

松风阁诗帖

《松风阁诗帖》的"书韵"之美。

名家简介

黄庭坚（1045—1105），北宋著名文学家、书法家，字鲁直，号山谷，又号涪翁，洪州分宁（今江西修水）人。他深受苏轼影响，与苏轼齐名，世称"苏黄"，与张耒、晁补之、秦观同称"苏门四学士"。他开创了"江西诗派"，在书法上独树一帜，为"尚意"书风的"宋四家"之一。

黄庭坚自幼聪慧好学，博闻强识，家学深厚。但他的仕途之路，颇为坎坷。宋治平四年，黄庭坚进士及第，开始为官生涯，他先任汝州叶县县尉，后因应试文章优秀，担任国子监教授。元丰元年他寄书给苏轼并附诗两首，受到苏轼盛赞，自此诗名显赫起来。"苏黄"两人也开始在书信中以诗词唱和。次年，苏轼因"乌台诗案"入狱，被用来攻击苏轼的诗文中便有与黄庭坚的唱和之作。即便当时黄庭坚还未曾与苏轼相见，但也受到牵连，在接受审问时，他没有选择与苏轼撇清关系，反而不惜冒着被贬的风险仗义执言，力挺苏轼。

元祐元年，宋哲宗即位，四十一岁的黄庭坚仕途上有了短暂的起色，长居京师编史。此时也是"苏黄"交游唱和的黄金时期，他们谈艺论道，鉴赏书画，畅叙师友之情，留下了大量高雅隽永的诗篇。

元祐二年，《神宗实录》修成后，黄庭坚被提拔为起居舍人。其间遭遇母丧，黄庭坚侍奉守孝，哀伤至疾。二十四孝中"涤亲溺器"说的就是黄庭坚。丧服解除后，他又出任秘书丞，提点明道官，兼国史编修官。无奈好景不长，宋绍圣元年，哲宗亲政，黄庭坚出任宣州知州。他还未到任，其参编的《神宗实录》就被新党诬告其中多有不实之辞，自此开启了他的贬谪人生，流寓巴蜀黔戎（今川渝一带）。但他并没有消沉，而是在当地兴教化，助人文，其诗文书法也进入了新的境界。

宋元符元年，徽宗即位，起任黄庭坚为宣德郎、监鄂州税等官职，他都推辞不就。在苏轼、秦观等师友相继离世后，晚年的黄庭坚更无意于仕途。宋崇宁元年，他到太平州（今安徽省当涂市）任知州，但上任九天就被罢免。饱经沧桑的黄庭坚，极为平静地对待这一打击，卸任当天就离开了太平州，顺江向西而行，经过武昌（今湖北鄂城）时游览了松风阁，留下《松风阁诗帖》这一千古名作。几天后，张耒也被贬黄州。黄庭坚乘舟游访了张耒，两人一同来到苏轼当年生活的地方，又游览赤壁，睹物思人，不禁悲切于怀。

宋崇宁二年，黄庭坚因其所作《荆南承天院记》，又以"幸灾谤国"之罪被除名，羁管宜州。崇宁四年九月，黄庭坚在颠沛流离中病逝于宜州，享年六十一岁。

图像识读

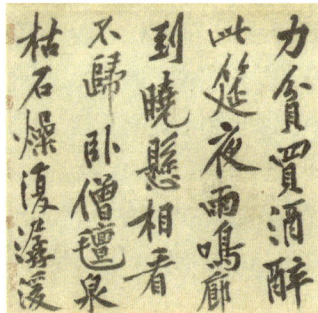

《松风阁诗帖》（局部）　北宋　黄庭坚

从点画形态来看，短画紧结沉稳，如"点"的形态，不同于历代行书中的轻盈萦带，沉郁凝重，好似豆大的雨点有力地砸下来一般，"洗""酒""沈"等字三点的笔力和布白，微妙生姿、气度非凡。而长画舒展，尽显浑厚，有的锋利爽劲，似长枪大戟，如"老""石""钓"等字之撇；有的多有提顿起伏，显出"震荡""迟涩"之势，如"舟""安"等长横，"今"等长捺，"光"等长撇。

在结构方面，如"屋"字，撇画内涵丰富，使整个字势颀长，内部笔画紧凑，短而厚重，底部舒朗放松，给人耳目一新之感。另外，撇画可使点画的位置更加自由，字势更加灵活多变，时高时低，忽左忽右，显示出奇崛挺拔的姿态，"夜"字三撇错落收紧，整字中宫紧结，长撇长捺支撑其间，其余笔画向外荡出，点画落下，如重槌敲于响鼓，石破天惊。

字与字的组合中，因字赋形，顾盼生姿。例如，"箕斗"中的"斗"字完全被"箕"字所覆盖。"数百"一开一合，一放一收，一大一小，和谐统一，与此后的"年"字气韵贯通，和诗韵相合。又如，"为我"二字错落相接，一右一左，整体看来既潇洒飘逸，又沉稳凝重，显出峻挺之势，可谓风神与骨力兼备。

洗　酒　石　钓　舟　安　屋　夜　箕斗　为我　数百年

《松风阁诗帖》（局部）　北宋　黄庭坚

从整体看来，书作在开篇时描写山间亭阁周围的景致，平和沉稳，含蓄婀娜，显得十分"适然"。"老松魁梧数百年，斧斤所赦今参天"中许多笔画线条极力舒展，同时结字中宫收紧，更显得笔画向四周纵横交错，仿佛参天古树，枝叶相通、屹然挺立。"年""斧"二字坚毅挺拔，顶天立地。竖画恰如树大根深、沉稳正直。旁边的"今""参""天"三字撇捺舒展，大开大合，铺天盖地，气势豪迈。在后面的诗文中，"菩萨泉""嘉"格外端庄大方，仿佛代表着诗人心中最清脱的净土，完全与诗韵和诗意相合。书至此处，字的行间尤为茂密，墨色变化极为丰富，浓如"醉""夜雨"，淡如"筵""晓悬"，枯如"归""石燥"，润如"复潺湲"，又衬以暗花底纹纸张，好似好客友人的热情与温暖在诗人笔下流淌出来，鸣廊夜雨也不再孤寂凄凉了。随后"山川光辉""寒溪炊烟"等句的书写大小、布白、走势更显平和，有种豁然开朗的轻快。此情此景，就好似泥泞中开出的一朵永恒之花。无奈人生知己已沉入黄泉，苦乐均无人共尝。书作末尾，诗人忆念师友的笔毫沉郁有加，字的大小变化明显，字势更加跌宕，从"拘挛"的局促与苦楚，到"周旋"的舒展与希望中，表露出诗人希望摆脱浊世纷扰，与友人一道远离尘器的心迹。

审美感知

《松风阁诗帖》美在哪里？

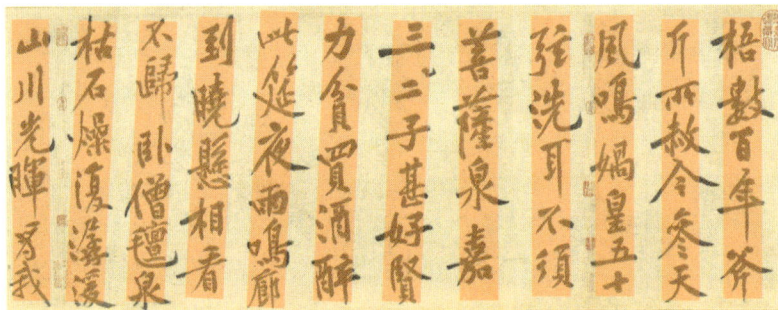

《松风阁诗帖》（局部）　北宋　黄庭坚

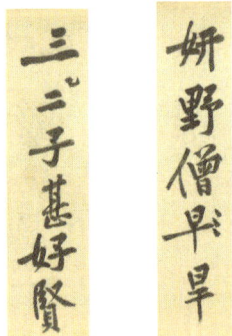

《松风阁诗帖》（局部）　北宋　黄庭坚

《松风阁诗帖》是黄庭坚晚年行书力作，是一篇不择纸笔，不计工拙的诗稿。其中还有两处修改：一在"二三子"的顺序修改，二在"旱"误作"早"并删除。而这丝毫没有影响整幅作品的艺术美感，反而更添笔情墨韵。

长波涩动、大开大合——点画用笔之美。

中锋和侧锋是书法艺术最主要的两种笔法表现形式，中锋用笔往往因其行笔过程中笔毫齐力同发，力度沉厚圆劲，给人一种雄浑劲健之美。侧锋由于其特有的用笔形式，则更多表现妍美、飘逸的艺术效果。此帖多见侧锋取势，逆锋入纸，中锋行笔，线条浑厚、柔韧而有韵致。

横竖撇捺一点一画，看似简单，实则凸显出人的性情气质。纵长的笔画容易过于绵软，但在黄庭坚的笔下，它们却无比沉雄有力，好似长枪大戟，又好像是翩翩羽翼。其中多有震荡起伏，黄庭坚曾自述，他被贬四川时曾见船夫划桨而悟得笔法。仔细赏之，这种行笔真好似划桨拨水一般，变化丰富，自然流畅，动人心魄。读之赏之，真有一种看笔墨"激扬清波、涤荡瑕秽"的畅快！这又何尝不是他在人生的逆旅中对应对阻力的艺术诠释呢？

内收外放、奇崛挺拔——结体取势之美。

此帖是一件行书作品，因为其中字的大小与章法参差错落，通篇行云流水，但是其中点画分明，少用牵丝连带，结体与楷书相近，却又不同于正书楷体中的方正匀称，而是字形舒展，字势欹侧，中宫紧密，四周开张，被学界称为"辐射式的结构"。这种结体突出了字内与字外空间的疏密对比，这种对比关系恰是书法艺术生命力的体现。

穿插错落、行气贯通——章法布局之美。

通篇看来章法布局行列清晰，字距小于行距，纵成列，横不成行。仔细看来，大小、宽窄、姿态各异的字一应俱全，分间布白跌宕奇绝，毫无散乱，反而行气贯通。这得益于行与行之间匀称自然的排列，字与字之间首尾呼应、穿插错落、搭配得当。有的字距极其紧密，笔势相承，合为一体，有的字与四周间距疏朗，大小呼应，空灵纯净，端庄有加。

黄庭坚的《松风阁诗帖》在点画用笔、结体取势、章法布局中显示出的鲜明艺术特点是颇具开创性的，自然笔墨形式之美，与诗文中情景交融的意境，以及句句押韵、铿锵有力的"柏梁体"诗风形成高度统一，可谓"尚意"书风的典范，充分展示了黄庭坚厚重、放达、跌宕、瘦劲的书写风格，无处不彰显其似"魁梧老松"般技艺之精湛和底蕴之深厚，有一种古朴的力量。

名作里的传统文化

黄庭坚的书法审美观。

《诸上座帖》（局部）　北宋　黄庭坚　纸本　草书

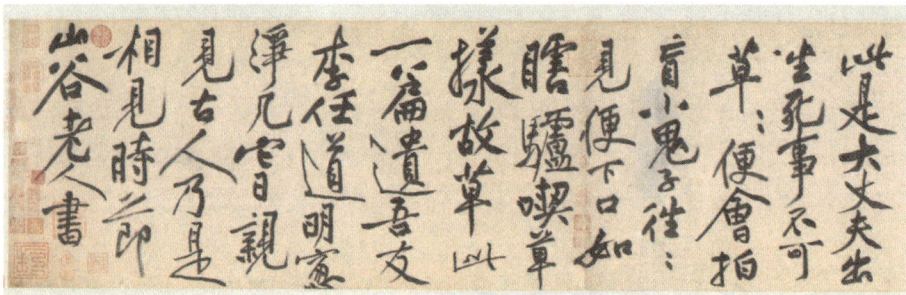

《诸上座帖》（自书题跋部分）　北宋　黄庭坚

　　师法自然求创新，纵观宋代书法史，尊崇个性、提倡创新是整个宋代书坛的主旋律，作为书坛领军人物的"宋四家"，黄庭坚无疑是其中敢于在践学古人基础上追求创新、勇于超越自我的书法家之一。黄庭坚在其《山谷题跋》中提到："山谷在黔中时，字多随意曲折，意到笔不到。及来僰道舟中，观长年荡桨，群丁拨棹，乃觉少进，意之所到，辄得用笔。"他能够在船夫荡桨这一司空见惯的事情上有所妙悟，说明他对生活的观察是极为细心的。

中国书法自古以来就有取象万物的美学传统，到了黄庭坚这里，他不仅贴近生活，观察自然，而且把长年观察的心得体会，转化成一种独特的艺术语言，巧妙地融入自己的书法风格当中。《松风阁诗帖》中流荡自然的点画线条，舒展自如的结构布势，从始至终都透着一种率真。这种精神似乎也跟颜真卿刚烈忠义的个性有着某种相似之处。黄庭坚用功学习颜真卿书法，并且非常推崇颜真卿的人格。颜真卿"师法自然"的书学思想，崇尚质朴和不事雕琢的率真，及其所悟"折钗股"和"屋漏痕"的笔法都来自对自然生活的取象。这些思想对黄庭坚产生了巨大的影响。黄庭坚的坚持和勇于尝试的创新精神最终成就了书法史上一位特立独行的圣贤。"随人作计终后人，自成一家始逼真"正是他师法自然，力求创新的完美精神写照。

黄庭坚在其书法审美追求上特别强调"观韵"和"去俗"。清代刘熙载在《艺概·书概》中云："黄山谷论书最重一韵字。"如在《山谷论书》中有言："虽然笔墨各系其人工拙，要须其韵胜耳。病在此处，笔墨虽工，终不近也。"黄庭坚"韵胜"的理念在他的书论、题跋中比比皆是，他对初学书法时的取法对象周越有过这样一段评论："王著临《兰亭序》《乐毅论》，补永禅师、周散骑《千文》皆妙绝。同时极善用笔，若使胸中有书数千卷，不随世碌碌，则书不病韵，自胜李西台、林和靖矣。盖美而病韵者王著，劲而病韵者周越，皆渠侬胸次之罪，非学者不力也。"在黄庭坚看来"美而病韵""劲而病韵"都是遗憾，在品评书法时，"韵"胜过"美"和"劲"。王著、周越在北宋书法史上都是非常重要的人物，其书法影响甚广。作为书坛翘楚，黄庭坚最初就是从周越那里学习书法的，后来随着他自身书法水平的不断精深以及书法审美方向的转变，黄庭坚开始重新审视这类书法，认为其有"病韵"，其意是说写得甜俗。

所以要想"韵胜"，一定要"去俗"。他强调好的书法与书写者本身是分不开的，评价其优劣高下的标准在于"韵胜"。他认为要"去俗"其实并不是简单地一味求"雅"，主要在于书写者的"胸次"，"胸次"是决定书写者书法是否得韵的关键所在，而"胸次"的优劣在于书写者人格和学养的表现。如此，"学书须胸中有道义，又广之以圣哲之学，书乃可贵"。所以，黄庭坚推崇的师法学习对象，如颜真卿、柳公权、苏轼等，无不是仁人志士、道德君子，正如他在对苏东坡书法的题跋中曾言："予谓东坡书，学问文章之气郁郁芊芊，发于笔墨间，此所以他人终莫能及尔。"

《武昌松风阁》

作者：黄庭坚

> 依山筑阁见平川，夜阑箕斗插屋椽。
> 我来名之意适然。
> 老松魁梧数百年，斧斤所赦今参天。
> 风鸣娲皇五十弦，洗耳不须菩萨泉。
> 嘉二三子甚好贤，力贫买酒醉此筵。
> 夜雨鸣廊到晓悬，相看不归卧僧毡。
> 泉枯石燥复潺湲，山川光辉为我妍。
> 野僧早饥不能馔，晓见寒溪有炊烟。
> 东坡道人已沈泉，张侯何时到眼前。
> 钓台惊涛可昼眠，怡亭看篆蛟龙缠。
> 安得此身脱拘挛，舟载诸友长周旋。

【赏析】

　　诗文先以写景入手，描写阁依山临壑，古木森列，松风入耳，足以涤荡尘虑。诗人从大处落墨，描绘了一幅壮丽的山水画卷，创造了一个澄澈明净、生机盎然的高妙境界，表现了诗人在大自然中的豁然愉悦之情。诗人描写了万壑松涛之后，接着写山中夜雨的壮丽奇景，把人们引入了一个空灵澄澈的清凉世界。中间八句叙游阁野筵和自夜至晓景象，雨后流泉潺潺，山色辉光，炊烟袅袅，极为妍丽。文末改描写为抒情，洋溢着对上述美好境界的向往之情，是写景部分的自然发展，既表现了诗人对逍遥自在生活的向往，又透露出了他内心的疑虑与怅惘，感悟深沉。

这首诗是一篇佳作，它不用僻典，不用拗语，笔势自然老健，造语脱凡去俗；也没有谈玄说理，只是描绘大自然宏阔的景象，使人感受到诗人博大的胸襟。这首诗是他历经磨难，用禅学净化精神境界的自然流露。

文史链接

江西诗派

黄庭坚是江西诗派的创始者。在文学史上的地位，主要不是依靠诗歌创作，而是依靠他的诗歌主张来确立的。他写诗刻意追求出新，反对蹈袭前人，步其后尘，强调"自成一家"。他生活面比较狭窄，沉迷于书斋，脱离现实，在书本知识和写作技巧上出奇制胜、标新立异。论诗虽标榜杜甫，却强调写诗要"无一字无来处""夺胎换骨，点铁成金""以俗为雅，以故为新"，也就是说承袭前人词句需换个说法或避熟就生、借题发挥，以便出新意。

在黄庭坚诗论的影响下，北宋后期形成了一个诗派，史称"江西诗派"。北宋末年，吕本中作《江西诗社宗派图》，黄庭坚为其首，他以下二十四人并不全是江西人。宋末元初，方回谈到江西诗派时，有"一祖三宗"的说法，以杜甫为"祖"，以黄庭坚、陈师道、陈与义为"三宗"，在南宋前期和清代后期曾有过较大影响。

素养实践

扫二维码，看真题链接＋答案

柒 《且饮墨瀋一升》
气象万千，思接千载

《且饮墨瀋一升》印蜕

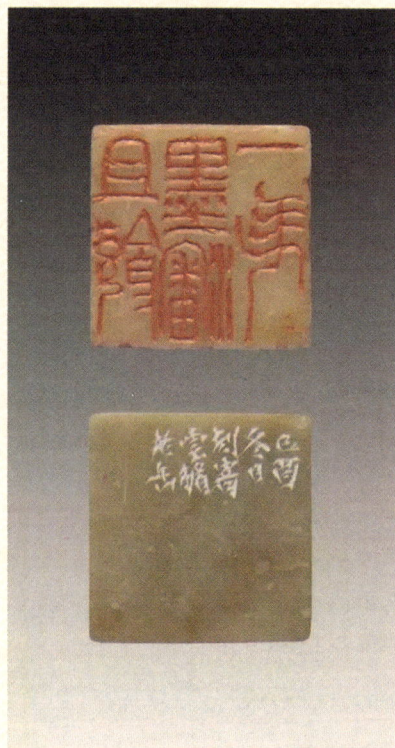

《且饮墨瀋一升》印面

《且饮墨瀋一升》

清代 / 吴昌硕

横 3.5 厘米，纵 3.5 厘米

现被日本高木圣雨私藏

且饮墨渖一升

《且饮墨渖一升》美在哪里？

名家简介

　　吴昌硕（1844—1927），原名俊，字俊卿，后更字昌硕，号仓石、苦铁、缶庐等，浙江省安吉人，出身书香门第，自幼受书法熏陶，十四岁开始学印，有"经世致用"之志。

　　太平天国时期，十七岁的吴昌硕随父亲流离在外，靠南方的一种野菜"芜菁"得以活命，数年后他返回安吉故里，又耕读数年后考中秀才，艰难维持生计。

　　吴昌硕三十多岁时开始习画，将书法、篆刻、绘画融合起来，使自己的绘画作品呈现出浓郁的金石气，在绘画上很快取得了成就。吴昌硕多往

来于苏州、上海之间，结识了很多著名的收藏家，这使他有机会遍观传世的金石拓片，他将这些艺术体验融入自己的书法、篆刻、绘画当中，他的个人艺术风格渐入成熟阶段。

吴昌硕有"诗书画印四绝"之美誉。篆刻方面，吴昌硕自我评价："自少至老，与印一日不离。"他是"一言不合就刻印"的典型，逃亡时刻印，平安后刻印，为了养家刻印，为了安慰朋友刻印，做官刻印，弃官亦刻印，高兴时刻印，悲伤刻印……他将刻印融入生命中，故而他的篆刻艺术成为篆刻史上的一座高峰。

《且饮墨瀋一升》的边款是"己酉冬日，刻寄云楣，老缶"，点出了此印是吴昌硕1909年为好友闵泳翊所刻。

韩天衡在《吴昌硕的印谱》一文中记录，吴昌硕曾为闵氏刻印多达300余方，现今我国仅存55方左右，大部分已散佚。《且饮墨瀋一升》是吴昌硕65岁时所刻，当时吴昌硕篆刻技艺已然大成，此印堪称吴昌硕巅峰时期篆刻精品之一，现属日本书道名家高木圣雨私藏。

艺术识读
YISHU SHIDU

图像识读

《且饮墨瀋一升》的艺术面貌和审美价值。

与古为徒得"朴野"之风。吴昌硕14岁左右开始治印，"予少好篆刻，自少至老，与印一日不离"。所以，他的篆刻生涯长达70年。这漫长的治印生涯中，他先是遍师百家，学习汉印、皖派、浙派等。中年后他开始创新，保留了对何震、邓石如、赵之谦、徐三庚等作品的研究，扬弃地继承了古典印风，并深研石鼓文、秦汉玺印、封泥印、砖瓦文字等，将其精粹都融入自己的印风之中。诚如他在《缶庐别存》自序中所言："予嗜古砖，绌于资，不能多得，得辄琢为砚，且镌铭焉。既而学篆，于篆嗜猎碣。"《且饮墨瀋一升》便是吸收了古人之精华，有雄浑、质朴、厚重、豪放的风貌，风格浑厚朴茂，开"朴野"一路的先河。

既雕且琢而气韵生动。吴昌硕治印，成印后喜修饰，手段花样繁多，有击、凿、铲、削、磨、锉等，据说有时还会随手将印面在破鞋底上摩擦一番。费这么大劲儿去"做印"，他信奉"一方印章犹如一个人体，肢体躯干必须配置得当，全身血脉精气尤应贯通无阻，否则就容易陷入畸形呆滞，甚至半身不遂"。《且饮墨瀋一升》四边做了敲打做残，印面用刀角凿击，与大片留红形成平衡，达到了"既雕且琢、复归于朴、气韵生动"的境界。

大朴不雕且浑然天成。诸乐三在《吴昌硕的篆刻艺术》中谈到吴昌硕的印学观："一方印章，应如一家人样，围拢一致。"吴昌硕把一方印的和谐看作一家人的和谐，需要篆法、刀法、章法共同作用后方可达成。此印看似一任自然，其实是别具匠心、谋划而成，如"墨瀋"二字较稠密而四角都留出了"气孔"，"且"字避让"饮"字，"一"字避让"升"字，都是为了达成印面的平衡，由于仍是"留红"太多，所以采用破边、凿击等方式对过多的"留红"再一次进行平衡，以刻意的态度创造出了不经意的风格，极为高明。

审美感知

《且饮墨瀋一升》美在哪里？

感知《且饮墨瀋一升》的美，要关注篆法之美、刀法之美、章法之美。

瑰丽古拙的篆法之美。

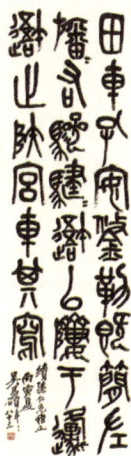

《石鼓文》 吴昌硕
清末民国

吴昌硕中年以后，博览金石原件及拓片，最终选定《石鼓文》为自己书法的研习根本。数十年间，又掺入了秦权铭款、《琅琊台刻石》《泰山刻石》等书法的体势、笔意。他晚年的书风还糅入了行草书笔意，所作石鼓文凝练遒劲、刚柔并济、圆熟精悍、自出新意、风格独特、不拘成法。此印体现了他"印从书出""以自书入印"的印学思想，且在印面效果上掺入封泥，线条有强烈的厚重感和力度感，自然天成、浑厚苍朴。此印篆法刚柔相济、筋骨俱佳、瑰丽古拙，体现了吴昌硕的书法风格之美。

雄浑秀逸的刀法之美。

元末明初，篆刻艺术日渐兴起，文人们热衷探索刀法。明清两代的篆刻家基本上确立了"印宗秦汉"的思想，围绕着这一思想，文人篆刻蓬勃发展。朱简提出："刀法者，所以传笔法也。刀法浑融，无迹可寻，神品也。"刀法是笔法的延伸，刀法圆融不刻意，便是神品，这是文人探索刀法的中心思想。冲刀、切刀两种刀法发展起来。清末民初，擅长冲刀的"皖派"和擅长"切刀"的浙派最为流行，当时治印，一方印中只采用一种单一的刀法，即刀法审美的"一元论"。

吴昌硕早期印章已经非常熟练地临摹和创作汉印风格，如《白蘋花馆》以冲刀展现了"干净爽利"的风格；有的切刀前行，印风苍劲质朴、古朴浑厚，如《朴巢》一印。可见吴昌硕早期在篆刻艺术的探索中也落在"窠臼"之内。

《白蘋花馆》

《朴巢》

随着吴昌硕在篆刻艺术领域的探索，他不再满足于传统的单一审美，开始寻求创新。他把刻刀换成了厚刃钝刀，大胆冲破故有程式般的运刀方式，将切刀法，尤其是浙派钱松的"以切带削"和冲刀法相结合，开创出了"钝刀硬入"的刀法。

《且饮墨瀋一升》中"且"字第一横、左右两竖是冲刀，表现爽利；里面两横和最后一横为切刀，表现古朴。他甚至对单个笔画的不同外轮廓都采用了不同的运刀方法，如"一"字上轮廓为冲刀，下轮廓为切刀。这种不被冲刀、切刀所囿的处理方法，在"印从书出"的刀法观念下，以刀法表达笔意为旨归，所以吴昌硕的印章线条即是他的书法线条，巩固了雄浑、古拙、秀逸的意境，开启了刀法审美从单一走向多元的篆刻艺术的新纪元。

吴昌硕在刀法上的独到建树是"做残"。观察秦汉印的印面或印蜕，很容易发现一个现象，那就是秦汉印章因时代久远而产生的残破，这种残破是否能够应用在印章当中？从明代文彭开始，篆刻家在这方面做了努力探索。明人沈野谈到："文国博（文彭）刻石章完，必置之椟中，令童子尽日摇之。"即通过碰撞使印章达到残缺之效果。但这样会使印石遭到破坏，印面残破的偶然性效果不可控制，呈现出的"残破"效果可能不尽如人意，故而也有很多大家反对做残。

吴昌硕认为"不受束缚雕镌中""贵能深造求其通"。他认为秦汉印章经时间流逝而产生的斑驳印面是"天然""不雕琢"的一部分，正是有了这种"明知不可为而为之"的精神为他开辟出了一条前人没有走过的道路，开始在印成后大胆采用敲、击、凿、磨等手法，甚至借用砂石、鞋底、钉头等做残。

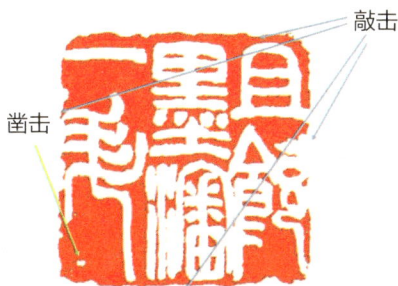

凿击　　　敲击

《且饮墨瀋一升》　吴昌硕　清末民国

天人合一的章法之美。

吴昌硕治印过程中，意识到"一方印章，应如一家人一样，团拢一致"，又"犹如一个人体，肢体躯干必须配置得当，全身血脉精气尤应贯通无阻。否则就容易陷入畸形呆滞，甚至半身不遂"。一方印章就像是一个完整的人体，能否使印文浑然一体，是一方印章能否成功的关键，而篆法、刀法都是围绕最终的整体性而成的，不能自说自话。

吴昌硕开创"以画入印"，将绘画理论"虚实相生，疏密有致"也用在了治印之中，用来辅佐印面的和谐统一，如"且饮"如果入印，"饮"字一般处理为"龡"，但是"且龡"和"墨瀋"二字相邻会因横笔太多而使整个印面右侧过于茂密、沉闷，左轻右重之下，印面不复平衡。所以他大胆采用了"飲"字，并改变了笔画的曲直，使印面右下角疏朗起来，与其他四角形成呼应，使印面有了呼吸，并突出了印面中部泰山压顶的稳重态势。

艺术拓展

吴昌硕和齐白石的"皮毛之争"。

沙孟海先生曾评："由于吴俊卿的气魄大，识度卓，学问好，功夫深，终于摆脱了寻行数墨的旧藩篱，创造了高浑苍劲的新风格，把六百年来的印学推向到一个新的高峰。"[1]2016年12月，为纪念吴昌硕先生逝世90周年，中国书法家协会、中国文艺家协会和国家典籍博物馆展出了《且饮墨瀋一升》的印章原石，并邀请了数十位篆刻家以此为题进行了艺术创作，可见吴昌硕先生在篆刻领域的地位。

吴昌硕之前，多数篆刻家都还处在拟古的阶段，吴昌硕从篆法中找到了一条自己的道路，在"印从书出"的基础上融合了封泥、权名、砖瓦等文字，通过创新，使自己的篆刻艺术别具一格，达到了"疏密平衡，天人合一"的境界。

---

① 沙孟海. 印学史 [M]. 杭州：西泠印社出版社，1999.

吴昌硕之后，最著名的篆刻家当属齐白石，齐白石早年极为仰慕吴昌硕，遍师百家的同时，针对吴昌硕印风进行了深入的研究，甚至能够做到与吴昌硕的印章极为相似。他希望可以入得吴昌硕门下，甚至写过一首诗"青藤雪个远凡胎，老缶衰年别有才。我欲九原为走狗，三家门下转轮来"。尽力表达自己对缶老的崇拜之情，吴昌硕见齐白石夸赞他的篆刻作品，便为齐白石拟定了润格。事事阴差阳错，齐白石拜师之事并未成行，两位当世的大师也未有机缘沟通拜师之事。后来有人在吴昌硕面前提到齐白石，说两人的艺术风格有相似之处，吴昌硕曾戏言："北方有人学我皮毛，竟成大名？"齐白石听说后，刻了一方《老夫也在皮毛类》予以回复。

《老夫也在皮毛类》　齐白石　清末民国

　　齐白石的篆刻艺术以《天发神谶碑》《祀山公山碑》的字法入篆，以大刀阔斧的单刀冲刻法行刀，开拓了现代审美转换的新篇章。齐白石在篆刻艺术上的创新与吴昌硕"以书入印"的观点不谋而合。

　　两位先生的逸事，宛如唐代张旭看到的"担夫争道"，但是妙就妙在相互揖让之间，却可以违而不范。在篆刻艺术的探索之路上，需要舍我其谁又违而不范的艺术操守，才能使得一门艺术世代相传。

字里有乾坤
——ZHILI
YOUQIANKUN

名作里的传统文化

《且饮墨渖一升》

作者：吴昌硕

且饮墨渖一升

【释意】

《隋书·礼仪志》记："字有脱误者，呼起立席后。书迹滥劣者，饮墨水一升。"原意是对字迹滥劣者的惩罚，就是罚饮墨水一升。后用于文人自谦语，即在受夸奖后自谦学问还不够，还要多饮墨水之意。

人们常用"喝墨水"比喻读书。南北朝时，北齐进行选拔秀才、孝廉、贤良等考试时，有些没有读过几年书的人也来参加考试，试卷写的驴唇不对马嘴。主考官判卷时看到一些滥劣试卷，哭笑不得，把这些试卷呈给皇上看，结果龙颜大怒。

朝廷立即下诏书对那些考试"成绩滥劣"者要进行惩罚：罚饮墨水。饮墨水多少，根据试卷成绩而定。于是，"喝墨水"这个典故就出现了。隋朝在科律条文中写道："书迹滥劣"者要罚饮墨汁一升。

自此以后，好几个朝代都沿用了这个罚规。梁武帝时期曾明确规定："差谬者罚饮墨汁一斗。"一直到北宋时期，这种古怪的罚规仍没有废止。

《刻印》

吴昌硕

赝古之病不可药，纷纷陈邓追遗踪。

摩挲朝夕若有得，陈邓外古仍无功。

天下几人学秦汉，但索形似成疲癃。

我性疏阔类野鹤，不受束缚雕镌中。

时作古篆寄遐想，雄浑秀整羞弥缝。

山骨凿开混沌窍，有如雷斧挥丰隆。

我闻成周用玺节，门官符契原文公。

今人但侈摹古昔，古昔以上谁所宗。

此诗开篇几句直接点明了吴昌硕的学习篆刻的态度：反对一味摹古，否则将索然无味，表达出了强烈的创新精神。很多人希望研究陈曼生、邓石如来找到出路，每天沉迷其中，努力研究，但毫无收获。天下间这么多人学习秦印汉印，但是只是形似。

后几句直接发问：今人在研究周秦以来的古篆文字，觉得雄浑秀整，好似醍醐灌顶，无不奉为至宝。但这些古篆只是当时通行公文的字样，你们把当时的通行公文奉若至宝，那当时古人尊奉推崇的又是什么呢？这种敢于发问、敢于质疑的精神在晚清时期是极为难得的。这应该也是吴昌硕能够实现创新，开辟出自己的篆刻之路的根本原因。

诗书画印"聋"中求

吴昌硕老年后，艺术臻至化境，同时也有一个奇怪的小癖好。他61岁时作《蔬香图》，款曰"光绪甲辰岁寒聋缶偶作"，自称为"聋缶"。68岁作诗"我作聋丞尔聋婢，一般都是可怜虫"，自称"聋丞"。70岁以后干脆给自己起了个外号叫"大聋"，并为自己刻印《吴昌硕大聋》一印，在《自题七十七岁画像》中又写道："聋如龙蛰，蹩如夔立。"他年老真的听不见了吗？其实他虽听力退化，但并非真聋。好友诸宗元与他开玩笑："聋以自晦，其有托耶？"吴昌硕笑而应对。

孔子云："六十而耳顺。""耳顺"意为不为别人之夸赞洋洋自得，不为别人之贬损而垂头丧气。所以"大聋"并非真聋，而是缶老已达"耳顺"境界，达到一种任尔东南西北风，我自岿然不动的状态。这也说明他在求艺过程中专心致志，不为外物所扰，达到了大音希声、大象无形之境界。

**素养
实践**

扫二维码，看真题链接＋答案